ELEMENTS DE CONTENTIEUX ADMINISTRATIF CAMEROUNAIS

5-7, rue de l'Ecole polytechnique, 75005 Paris

http://www.librairieharmattan.com
diffusion.harmattan@wanadoo.fr
harmattan1@wanadoo.fr

ISBN : 978-2-296-12585-8
EAN : 9782296125858

NGOLE PHILIP NGWESE

JOSEPH BINYOUM

ELEMENTS DE CONTENTIEUX ADMINISTRATIF CAMEROUNAIS

Préface du Professeur Maurice Kamto

L'Harmattan

REMERCIEMENTS

Nous exprimons notre profonde gratitude au Professeur Maurice KAMTO, Ministre Délégué auprès du Vice-premier Ministre, Ministre de la Justice Garde des Sceaux qui, en dépit du poids de sa charge et de ses multiples engagements au plan international, a bien voulu accepter de jeter un regard critique sur ce travail. Ses observations, avis et suggestions ont été d'un grand apport à la qualité du contenu. Nous lui sommes d'autant plus reconnaissants, que l'ouvrage est revêtu de son onction, puisque la préface porte sa griffe.

Nos remerciements s'adressent également à Mademoiselle BITOLOG Adèle, qui a patiemment procédé à la pré-saisie de nos manuscrits.

PREFACE

L'instance du contentieux administratif est apparue très tôt au début de l'administration française au Cameroun oriental, dès 1927 c'est-à-dire environ une dizaine d'années seulement après la prise de contrôle de cette partie du Territoire national que venait de perdre l'Allemagne à l'issue de la première Guerre mondiale.

Si le volume du contentieux administratif est resté relativement limité pendant la période du Mandat et de la Tutelle, il a connu un essor remarquable après l'indépendance et la réunification du pays, en particulier sous l'impulsion de la Cour Fédérale de Justice : il a gagné en importance quantitative certes, mais aussi, et de plus en plus, en originalité.

L'intérêt pour cette matière n'est pas nouveau, et pour cause : le contentieux administratif est le domaine où se vérifie, sans doute mieux qu'ailleurs, la réalisation de l'Etat de droit dans son aspect de la soumission de l'Etat lui-même aux normes juridiques. On doit à Henri Jacquot l'impulsion première à l'étude dans notre pays de cette matière dont la technicité, la diversité de son champ matériel et son développement prétorien en font un des domaines les plus complexes du droit public.

Voici qu'un haut fonctionnaire, familier de ce contentieux qu'il a pratiqué de nombreuses années durant, et un universitaire spécialiste de cette matière redoutée – à tort – par les étudiants et à l'enseignement de laquelle il a consacré l'essentiel de sa carrière académique, se sont mis ensemble pour produire un ouvrage sur ce sujet. Le premier mérite des auteurs est cette fructueuse collaboration dont leur livre s'est assurément enrichi. Leur second mérite est d'avoir su élaborer un ouvrage clair et concis, avec un objectif didactique indéniable. Le découpage de l'ouvrage suivant l'articulation classique entre « la compétence de la juridiction administrative » et « l'action de la juridiction administrative » participe assurément de ce dessein.

A l'évidence, les auteurs n'ont pas voulu rédiger un Traité du contentieux administratif camerounais. Comme ils le reconnaissent eux-mêmes dans l'Avant-propos, ils ont « délibérément choisi, d'une part, de ne pas s'attarder sur les aspects doctrinaux du sujet et, d'autre part, de ne pas consacrer des développements spécifiques à certains volets du contentieux domanial et foncier ». Pour autant, ni l'utilité pratique, ni l'intérêt académique de l'ouvrage ne s'en trouvent diminués. Car ces *Eléments du contentieux administratif camerounais*, centrés sur ce qui constitue le noyau central dudit contentieux, à savoir le droit processuel et le droit substantiel – dans sa double composante du contentieux de l'annulation et du plein contentieux – apparaît comme un tableau bien structuré de l'état des connaissances en la matière. La présentation des règles législatives et réglementaires en vigueur dans ce domaine est agrémentée des décisions des juridictions administratives successives qui ont jalonnées l'histoire du contentieux administratif au Cameroun.

Il reste aux juridictions en question de prendre toute leur part dans l'édification de ce contentieux qui s'est développé ailleurs grâce à l'œuvre jurisprudentielle. Or, le problème du justiciable camerounais aujourd'hui – et sans doute aussi du juge administratif lui-même – est celui de l'introuvable jurisprudence administrative camerounaise. D'une espèce à l'autre présentant pourtant les mêmes circonstances de fait, les décisions sont fluctuantes et variables parfois à l'extrême. L'imprévisibilité déstabilisante de cette *juridictio* est vectrice d'insécurité juridique et judiciaire.

En faisant le point sur ce que l'on appellera, par commodité de langage, la « jurisprudence » générée par le contentieux administratif depuis l'avènement du Conseil du contentieux en 1927, les auteurs du présent ouvrage apportent une contribution fort intéressante qui, je l'espère, éclairera les justiciables et les plaideurs autant qu'elle nourrira la réflexion du juge et des chercheurs, et servira de viatique aux étudiants en droit./-

Professeur Maurice KAMTO

Agrégé des Universités

AVANT-PROPOS

Cet ouvrage est le résultat d'une volonté partagée par un universitaire et un fonctionnaire habitué et passionné des prétoires, en vue de donner modestement corps à l'intérêt qu'ils portent tous les deux à cette discipline. Il est destiné principalement et comme instrument de travail, aux praticiens du droit, notamment aux cadres appelés à assurer la défense des intérêts de l'Etat devant les juridictions administratives, et subsidiairement aux étudiants.

Pourquoi « Eléments de Contentieux Administratif Camerounais » et non « Contentieux Administratif Camerounais » tout court ? Tout simplement parce que le présent ouvrage n'a pas la prétention de faire le tour de la question, puisque ses auteurs ont délibérément choisi d'une part, de ne pas s'attarder sur les aspects doctrinaux du sujet et, d'autre part, de ne pas consacrer des développements spécifiques à certains volets du contentieux tels le contentieux fiscal, et le contentieux domanial et foncier.

Abondamment illustré par des références jurisprudentielles pertinentes et utiles, le présent ouvrage essaie de mettre en évidence les profondes mutations introduites au plan institutionnel par la loi n°2006/016 du 29 décembre 2006 fixant l'organisation et le fonctionnement de la Cour Suprême, ensemble celle n°2006/022 du 29 décembre 2006 fixant l'organisation et le fonctionnement des tribunaux administratifs.

Notre souhait est que cette modeste contribution puisse servir de ressort, comme bien d'autres publications qui l'ont précédée, à des travaux plus importants sur le contentieux administratif Camerounais, engagé dans une dynamique de modernisation, accompagnée d'un élan de rapprochement du service public de la justice des citoyens usagers.

ABREVIATIONS PRINCIPALES

A.D.D : Avant dire droit.

A.J. : Actualité juridique.

A.J.D.A : Actualité juridique droit administratif.

Al. : Alinéa.

A/P : Assemblée plénière.

Art. : Article.

Cam. OC. : Cameroun occidental.

Cam. OR : Cameroun oriental.

C.C.A : Conseil du contentieux administratif.

C.E : Conseil d'Etat.

Cf. : Confér.

C.F.J/AP : Cour fédérale de justice/Assemblée plénière.

C.F.J/SCAY : Cour fédérale de justice/Section du contentieux administratif de yaoundé.

C.F.J/C.A.Y : Cour fédérale de justice/Chambre administrative de yaoundé.

C.P.E : Commune de plein exercice

C.S/CA : Cour suprême/ Chambre administrative.

Concl : Conclusions.

D. : Dalloz

D.F : Décret Fédéral.

D.G.S.N : Délégation générale à la sûreté nationale.

Ed. : Editions

ENAM : Ecole Nationale d'Administration et de Magistrature.

F.D.S.E : Faculté de Droit et des Sciences Economiques.

G.A.J.A : Grands Arrêts de la Jurisprudence Administrative.

I.I.A.P : Institut International d'Administration Publique.

J.C.P : Jurisclasseur périodique

J.O.R.F : Journal Officiel de la République Française.

L.G.D.J : Librairie Générale de Droit et de Jurisprudence

L.F : Loi Fédérale

MINAT : Ministère de l'Administration Territoriale.

MINESUP : Ministère de l'Enseignement Supérieur.

MINFI : Ministère des Finances.

MINUH : Ministère de l'Urbanisme et de l'Habitat.

MINJUSTICE:Ministère de la Justice.

O.F : Ordonnance Fédérale

ORSE : Ordonnance de Sursis à Exécution.

P.M : Premier ministre.

P.U.C : Presses Universitaires du Cameroun

P.U.F : Presses Universitaires de France

R.C.D : Revue Camerounaise de Droit.

R.D.P.A : Revue de Droit public et Administratif.

R.J.P.I.C : Revue Juridique et Politique Indépendance et Coopération

REC : Recueil Lebon.

R.G.P : Recours Gracieux Préalable.

S.D.F : Social Democratic Front.

S.D.N : Société des Nations

T.C : Tribunal des conflits.

T.E : Tribunal d'Etat.

T.I : Tome I

UPC : Union des Populations du Cameroun.

INTRODUCTION GENERALE

La loi n°006 du 18 Janvier 1996 portant révision de la constitution du 02 juin 1972 crée une cour suprême. Celle-ci est la plus haute juridiction de l'Etat en matière judiciaire, administrative et de jugement des comptes.

Elle comprend :

- Une chambre judiciaire ;

- Une chambre administrative ;

- Une chambre des comptes.

La chambre judiciaire statue souverainement sur :

- le recours en cassation admis par la loi contre les décisions rendues en dernier ressort par les cours et les tribunaux de l'ordre judiciaire ;

- les décisions de juridictions inférieures de l'ordre judiciaire devenues définitives dans les cas où l'application du droit est en cause ;

- toute matière qui lui est expressément attribuée par la loi.

La chambre administrative connaît de l'ensemble du contentieux administratif de l'Etat et des autres collectivités publiques.

Elle connaît en appel du contentieux des élections régionales et municipales.

Elle statue souverainement sur les décisions rendues en dernier ressort par les juridictions inférieures en matière de contentieux administratif.

Elle connaît de tout autre litige qui lui est expressément attribué par la loi.

La chambre des comptes est compétente pour :

a) contrôler et juger les comptes de l'Etat et des entreprises publiques et parapubliques ;

b) statuer souverainement sur les décisions rendues en dernier ressort par les juridictions inférieures des comptes ;

c) donner son avis sur les projets de loi de règlement présentés au parlement

d) élaborer et publier le rapport annuel des comptes de l'Etat adressé au président de la République ;

e) connaître de toute autre matière qui lui est expressément attribuée par la loi.

La République du Cameroun a donc opté pour le choix d'un système d'un contentieux administratif autonome en raison des particularités de ses règles procédurales et de son système. Comme l'affirme un auteur, « le contentieux administratif peut être défini comme l'ensemble des litiges dont la compétence est réservée à la juridiction administrative »[1].

Il s'agit donc d'une tentative de soumission de l'Administration à un contrôle juridictionnel. Cette entreprise parait malaisée parce que difficile, et elle a été rarement parfaitement réalisée. Et pour cause, l'Administration détient et exerce la puissance publique et ce au nom de l'Etat. Il apparaît ainsi délicat, voire difficile d'imaginer qu'elle se résoudra facilement à rendre compte de son action devant un tiers, lequel doit acquérir les qualités, les vertus d'indépendance et d'impartialité qu'on attend de tout juge.

En réalité, le problème de la soumission de l'Administration à un contrôle juridictionnel revêt une grande acuité en Afrique. Notamment dans les pays francophones d'Afrique noire. Le contexte socio-politique ne se prête guerre à un tel contrôle. Ce dernier diffère profondément de celui des sociétés d'Europe occidentale où ce type de contrôle a pu se développer de façon progressive pour ne parvenir à son stade actuel qu'après plusieurs siècles de tâtonnement et de balbutiements.

Même le secteur dit « central » parce que qualifié de « moderne », en fait le milieu urbain parait peu ouvert à ce genre de contrôle. En effet, c'est un secteur trop dépendant de l'Etat lui-même ou de l'étranger pour pouvoir sécréter une attitude favorable à un contrôle

---

[1] *MAX REMONDO. LE DROIT ADMINISTRATIF GABONAIS. LGDJ 1987.p189.*

juridictionnel de l'Administration. Bref, la conscience juridique collective ou ce qui en tient lieu et qui émane du milieu social, apparaît à première vue plutôt étrangère à cette institution que la période coloniale n'a pas pu ou réussi de façon significative à assurer son implantation.[2]

L'examen du contexte politico-administratif ne conduirait pas non plus à des conclusions plus favorables ; le pouvoir politique est généralement concentré entre les mains d'un homme, voire un groupe détenteur de la légitimité nationale, peu habitués à accepter l'idée que leurs options soient remises en cause ni même appréciées par un autre pouvoir dont on ne comprendrait pas l'autorité ou l'assise ; une telle conception est fortement remise en cause pour ne pas dire exclue en périodes de circonstances exceptionnelles.[3]

La situation socio-économique des pays africains ne plaide pas non plus en faveur d'un tel mécanisme.

M. KEBA MBAYE, ancien Président de la Cour Suprême du Sénégal, affirmait lors d'un colloque tenu à Dakar en septembre 1978 et ayant pour thème « Le développement et les Droits de l'homme », ce qui suit :

« Au nom de la sécurité et du développement économique et social, il arrive trop souvent que la défense des libertés et droits publics soit reléguée au dernier plan…cet état de fait s'explique par l'état de sous-développement qui, en lui-même recèle des insuffisances dans tous les domaines et qui, en outre, avec son cortège de maux qui atteignent l'individu dans ses besoins vitaux, exige parfois des mesures prioritaires à caractère général dont l'urgence semble-t-il, ne tolère pas que l'on s'embarrasse de considérations juridiques…

---

[2] *HENRI JACQUO, « Le contentieux administratif au Cameroun », in RD.C. n°7.*

P.F GONIDEC ; Problèmes d'application de la législation en Afrique, in Bulletin de l'Institut International d'Administration Publique n°2, avril juin 1967.P20 et ss.

[3] . *Joseph OWONA « L'institutionnalisation de la légalité d'exception dans le droit public Camerounais », R.C.D ; n°6 pp. 104-123.*

MESSING Jean Louis : La problématique du maintien de l'ordre dans les états d'Afrique Noire francophone : Le cas du Cameroun ; Thèse de doctorat en droit 3è cycle 1960-1992.Université de Yaoundé II, 1995 pp.121 et ss.

Pour assurer la subsistance des populations qu'ils gouvernent, pour éloigner la famine, la maladie, l'ignorance, les pouvoirs publics du monde noir se considèrent comme en état de guerre.

Ils en déduisent aisément leur droit à décréter la mobilisation générale, à élargir le cadre de la légalité, et à apporter des restrictions aux droits et libertés publics découlant du droit public...En somme, il s'agirait d'une application permanente des règles découlant de l'Etat de siège, de l'Etat d'urgence ou des circonstances exceptionnelles, et grâce auxquelles les gouvernements ont le droit, au nom de la nécessité, d'assurer la survivance de l'Etat, en apportant des entorses aux droits et libertés publiques ».[4]

Cette longue citation résume parfaitement la situation des Etats africains, les multiples tâches auxquelles ils sont confrontés et les difficultés découlant de l'instauration d'un contrôle juridictionnel de l'Administration.

Conscient de ces problèmes, chaque Etat a cherché à élaborer son propre système de contrôle. Et comme l'a affirmé un auteur, le juge statuant en matière de contentieux administratif a « pris le parti d'articuler ses solutions aux réalités de la société Camerounaise ».[5]

Le présent ouvrage essaie de rendre compte, de manière concise, de la construction juridique, ensemble les mutations qui ont accompagné la naissance et sous-tendu l'action des pouvoirs publics du jeune Etat jusqu'à nos jours.

---

[4] *KEBA MBAYE ; Le Développement et les Droits de l'homme in Revue Sénégalaise de droit n°22, Déc.1977 p.31.*

[5] *M.KAMTO ; Droit administratif Processuel du Cameroun. P.U.C. 1990 P.100*

A.S. MESCHERIAKOFF ; Le déclin de la fonction administrative contentieuse au Cameroun. In RJPIC T. 34. n°4, oct.- déc.1980. p.825-840.NGOH NGOH Ferdinand ; les difficultés du contrôle juridictionnel de l'Administration au Cameroun : Mémoire de Maîtrise en droit. FDSE. Université de Yaoundé, 1984.

PREMIERE PARTIE
LA COMPETENCE DE LA JURIDICTION ADMINISTRATIVE

TITRE I
LA COMPETENCE ORGANIQUE DE LA JURIDICTION ADMINISTRATIVE

Les lois n°s 2006/016 du 29 décembre 2006 fixant l'organisation et le fonctionnement de la Cour Suprême et 2006/022 du 29 décembre 2006 fixant l'organisation et le fonctionnement des tribunaux administratifs ont institué un système de dualité de juridictions. Il s'agit d'une part des juridictions inférieures que sont les tribunaux administratifs, qui connaissent en premier ressort des matières relevant du contentieux administratif, et de la chambre administrative, juridiction suprême qui connaît en appel et en cassation des décisions rendues par les tribunaux administratifs. C'est une innovation majeure par rapport aux anciens textes, à savoir l'ordonnance n°72/06 du 26 Août 1972 fixant l'organisation de la Cour Suprême et la loi n°75/17 du 8 décembre 1975 fixant la procédure devant la Cour Suprême statuant en matière administrative.

Deux grandes dates marquent les étapes de l'évolution de cette institution : 1950 et 1972. La première trouve sa justification dans le fait que les Minutes des Arrêts du conseil du contentieux administratif ne sont disponibles, donc consultables qu'à partir de cette année. Quant à la deuxième, elle décrit la physionomie de la juridiction administrative actuelle telle que dessinée par la loi n°75/17 du 8 décembre 1975 fixant la procédure devant la Cour Suprême modifiée par celles du 29 décembre 2006 fixant d'une part l'organisation et le fonctionnement de la Cour suprême et d'autre part celle adoptée le même jour fixant l'organisation et le fonctionnement des tribunaux administratifs.

SOUS TITRE I
L'ORGANISATION DE LA JURIDICTION ADMINISTRATIVE AVANT 1972.

CHAPITRE I
L'HISTORIQUE DE LA JUSTICE ADMINISTRATIVE AU CAMEROUN.

La justice administrative, telle qu'elle est conçue et appliquée au Cameroun, recèle de nombreux traits qui sont identiques à ceux de la justice administrative française. Cela se comprend dans la mesure où il s'agit du legs de la colonisation française. Une compréhension du système juridictionnel camerounais vu sous l'angle du contentieux administratif, suppose au préalable un rappel historique de la naissance et de l'évolution de cette discipline.

La justice administrative tire son origine des conceptions des auteurs de la Révolution française de 1789. La méfiance compréhensible à l'époque qu'ils avaient, et manifestaient à l'égard des tribunaux judiciaires s'était traduite par une interprétation fort particulière de la règle de séparation des pouvoirs. En effet, ceux-ci se rappelaient des abus du pouvoir judiciaire sous l'Ancien Régime. Le parlement au lieu de se cantonner à son activité de contrôle judiciaire, empiétait plutôt sur l'action des organes administratifs. Et malgré leur suppression, l'Assemblée Constituante craignait que les nouveaux tribunaux judiciaires créés ne suivent « la route tracée par leurs prédécesseurs » (Charles Debbash : Contentieux Administratif ; 3e éd.p.4). Pour empêcher cette immixtion du juge dans le fonctionnement de l'administration, interdiction lui est faite de la juger, d'où la loi des 16-24 Août 1790, titre II qui dispose en son article 13 : « les fonctions judiciaires sont distinctes et demeureront toujours séparées des fonctions administratives. Les juges ne pourront à peine de forfaiture, troubler de quelque manière que se soit les opérations des corps administratifs, ni citer devant eux les administrateurs pour raison de leurs fonctions ». Conséquence de cette interdiction, c'est une véritable confusion au moment de l'émergence de cette discipline entre la fonction d'administrateur et celle de juger. Le contentieux administratif est porté à la connaissance des administrateurs actifs que sont le Roi et ses Ministres. Le défaut majeur d'un tel système, c'est l'absence d'impartialité de la part de ces derniers. Pour y remédier, il a fallu créer et organiser une juridiction spécialisée dans le contentieux administratif. La mise en place d'une telle structure se fera en deux étapes fondamentales :

- La 1ère, c'est l'An 8 ; elle consacre la création du Conseil d'Etat et de Conseils de Préfecture. Leurs attributions sont essentiellement consultatives, puisqu'ils se bornent à donner leurs avis sur les affaires qui leurs sont soumises, la décision ultime, celle de trancher revenant toujours au Chef de l'Etat. C'est l'époque de la « Justice Retenue », à la « Justice Déléguée ».

- La deuxième phase qui parachève cette évolution, est l'organisation actuelle des juridictions administratives en France. A peu de choses près, le Cameroun a suivi cette évolution. Ce pays est passé d'une justice administrative coloniale caractérisée par une confusion des fonctions, une marginalisation accrue de la justice administrative à une réelle émancipation, voire une véritable consécration de cette institution, et cette évolution s'est faite en trois étapes :

1) La justice administrative au Cameroun pendant la « colonisation française »[6]

2) La justice administrative pendant l'Autonomie Interne.

3) La justice administrative depuis l'Indépendance.

---

[6] *L'expression colonisation française ne sied pas ici puisque le Cameroun a été administré sous le régime du protectorat Allemand de 1884 à 1916. Par la suite, le Cameroun a été administré par la France et la Grande Bretagne dans le cadre du condominium franco-Britannique de 1916 à 1922 avant d'être érigé en deux entités différentes lesquelles retrouveront leur pleine souveraineté en 1960 et leur réunification sous la forme d'un seul Etat en 1961.*

CHAPITRE II
L'AVENEMENT DU CONSEIL DU CONTENTIEUX ADMINISTRATIF.

C'est un décret du 13 Avril 1927 qui réorganise le Conseil d'Administration et le Conseil du Contentieux Administratif dans le territoire du Cameroun. La procédure devant cette institution est régie par l'arrêté du 16 Décembre 1921. En fait, il s'agit ici d'une extension des textes français qui s'appliquaient aux territoires d'Outre-Mer et aux colonies Françaises du continent Africain.[7], il s'agit du décret du 05 Août 1881 concernant l'organisation et la compétence des conseils du contentieux administratif dans les colonies de la Martinique, de la Guadeloupe et de la Réunion et règlementant la procédure à suivre devant ces Conseils.(rendu applicable à toutes les colonies par le décret du 7 septembre 1881 et au territoire sous mandat en vertu du décret du 22 mai 1824).

A- La Composition du Conseil du Contentieux Administratif

Le Pr. Henri JACQUOT estime qu'au départ le Conseil du Contentieux Administratif au Cameroun se confondait pratiquement avec le conseil d'administration du territoire. S'il y avait une séparation fonctionnelle des deux organes, celle-ci n'apparaissait nullement sur le plan organique. De plus, le nombre de membres qui y officiaient était assez élevé, constituant ainsi une source de lourdeur et de lenteur, puisque celui-ci était composé de 13 membres.[8]

Le décret du 13 Avril 1927 modifié par celui du 3 novembre 1928 allège cette structure en prévoyant que le Conseil du Contentieux Administratif sera désormais composé du Commissaire de la République ou de son délégué qui exercera les fonctions de président, assisté d'un administrateur en chef des colonies, de préférence licencié en droit, du chef des Travaux publics et de deux magistrats. Cet allègement ne changeait pas fondamentalement les données du

---

[7] Le Cameroun a connu successivement les régimes de condominium Franco-anglais de 1916 à 1922, ensuite celui de territoire sous-mandat français sous l'empire de la SDN et enfin sous tutelle Française jusqu'à son indépendance au 1er janvier 1960.

[8] Henri JACQUOT, le Contentieux Administratif au Cameroun in R.C.D n°7, p.16.

problème, puisque vu sa composition, l'Administrateur était toujours juge et partie. Il faudra attendre le décret n°52/815 du 08 Juillet 1952 portant modification du décret du 13 Avril 1927 réorganisant le Conseil du Contentieux administratif dans le territoire du Cameroun sous tutelle française (J.O.R.F. du 12 juillet 1952, page 7028), qui désormais confie la présidence du Conseil du Contentieux Administratif à un magistrat du siège appartenant à la Cour d'Appel pour parler d'une véritable réforme, même s'il n'y avait pas rupture du cordon ombilical entre cette institution et l'Administration active. Certains auteurs ont expliqué cette entorse à des règles traditionnelles qui gouvernent le fonctionnement des juridictions par le nombre peu élevé des litiges qu'elles ont eu à trancher.[9]

B- Les Attributions du Conseil du Contentieux Administratif

Considéré comme une juridiction mineure, de moindre importance, le Conseil du Contentieux Administratif avait une compétence fort limitée. C'est ainsi qu'il n'était point compétent pour connaître des recours pour excès de pouvoir qui étaient portés directement devant le Conseil d'Etat Français (C.E. 13.juillet.1956 ; MPAY, NGOM et MOUMIE). Il ne connaissait pas non plus du contentieux des services publics de la République Française.

Le Conseil du Contentieux Administratif était ainsi juge de droit commun du Contentieux des services locaux ; Il en allait ainsi du contentieux de la répression des contraventions de voirie, très étoffé à l'époque.

Comme juge d'attribution, il connaissait du contentieux électoral, du statut des fonctionnaires locaux, des dommages des travaux publics, des concessions de terre, etc…,(*Arrêt n° 248/ CCA du 21.05.1954 ; GIARD C/ GUYARD, SOPPO PRISO, André Marie MBIDA, KEMAJOU et AHMADOU AHIDJO.)*

---

[9] *François LUCHAIRE, Droit d'Outre-Mer et de la coopération, Thémis P.U.F. P. 269 cité par J.C KAMDEM dans son cours polycopié de Contentieux Administratif. En effet Le Conseil du Contentieux Administratif n'a rendu que 799 arrêts pendant cette période.*

C- La procédure devant le Conseil du Contentieux Administratif

Elle était prévue par le décret du 5 août 1881. Elle était donc identique à celle en usage devant les tribunaux administratifs français et les autres conseils du contentieux administratif implantés dans les colonies.

La seule différence avec ceux-ci résidait dans le fait que la règle de la décision préalable ne s'imposait pas. Tout ce qui était exigé c'etait de joindre une copie de la décision administrative attaquée à la requête.[10]*10* De plus, le délai de recours était de trois mois au lieu de deux. La requête devait être adressée au chef du territoire. Les arrêts du Conseil du Contentieux Administratif étaient susceptibles d'appel devant le Conseil d'Etat Français. Le délai imparti était de deux mois auquel s'ajoutait le délai de distance tel que prévu par le code de procédure civile.

L'accession du Cameroun à l'autonomie interne allait se traduire sur le plan juridictionnel par la disparition du Conseil du Contentieux Administratif et son remplacement par une autre structure fondamentalement différente du précédent surtout au niveau de sa compétence.

---

[10] *Décret du 05 août 1881 concernant l'organisation et la compétence des conseils du contentieux administratif dans les colonies de la Martinique, de la Guadeloupe et de la Réunion, et règlementant la procédure à suivre devant ces conseils. (Article 7). J.OWONA. Droit Administratif Spécial de la République du Cameroun. p.181.*

CHAPITRE III
LE TRIBUNAL D'ETAT

Celui-ci voit le jour pour marquer le changement politique intervenu au Cameroun. La notion d'Administration du territoire telle que mentionnée par les arrêts du Conseil du Contentieux Administratif disparaît au profit de celle de l'Etat du Cameroun avec l'accession de ce pays à une « semi autonomie interne » en 1957 et la formation du premier gouvernement camerounais dirigé par Mr André Marie MBIDA. Et pour bien démontrer que le Cameroun a accédé à une réelle autonomie interne, le décret n°59/83 du 04 juin 1959 portant réforme du contentieux administratif et Organisation du Tribunal d'Etat ainsi que l'arrêté n°1784 du 9 juin 1959 relatif au fonctionnement du Tribunal d'Etat traduisent et matérialisent cette évolution sur le plan juridictionnel avec la création du Tribunal d'Etat. Le Cameroun étant désormais un Etat qu'on pourrait qualifier de souverain[11] *11*, le législateur de 1959 consacre ce principe en réservant à cette juridiction nouvellement créée la plénitude de compétence pour connaître désormais de l'ensemble du contentieux administratif. En conséquence, le Tribunal d'Etat était juge de tout le contentieux administratif en premier et dernier ressort. (Article 4 al.2 du décret du 4 juin 1959).

A- La composition du Tribunal d'Etat.

Les membres du Tribunal d'Etat sont au nombre de trois, à savoir un président et deux assesseurs. Tous sont nommés par le Premier Ministre.

Le Président de la juridiction ainsi que le Commissaire du Gouvernement doivent être titulaires d'une licence en Droit.

Ces juges sont choisis parmi les magistrats de l'ordre administratif et de l'ordre judiciaire, ainsi que parmi les agents de l'Administration fonctionnaires ou contractuels.

---

[11] *En réalité, le Cameroun, notamment la partie francophone ne deviendra réellement une Etat indépendant qu'avec l'accession de celui-ci à la souveraineté internationale le 01 janvier 1960.*

B- La compétence du Tribunal d'Etat

Le Tribunal d'Etat est le juge d'attribution de l'Administration Camerounaise. C'est ainsi qu'aux termes de l'article 1er du décret du 4 Juin 1959, le contentieux administratif comprend :

« 1) Les recours en annulation pour excès de pouvoir contre les actes des diverses autorités administratives. Il s'agit de l'incompétence, du vice de forme et de procédure, de la violation de la loi et du détournement de pouvoir.

2) Les litiges relatifs aux contrats et quasi-contrats administratifs ainsi qu'aux concessions des services publics.

3) les litiges intéressant à un titre quelconque le domaine public. Toutefois, l'action en réparation des dommages causés au domaine public peut être poursuivie en même temps et devant le même juge que l'action publique.

4) Les litiges d'ordre individuel concernant les droits des fonctionnaires de l'Etat, des collectivités locales et des établissements publics, et notamment les litiges relatifs à leur nomination, leur avancement, leur discipline, leurs émoluments et leurs pensions.

5) Les actions mettant en cause la responsabilité des personnes morales de droit public énumérées à l'alinéa précédent (alinéa 4 ci-dessus).

6) Les recours en interprétation et les recours en appréciation de légalité.

7) Les litiges qui lui sont expressément attribués par une loi ou un décret. »

Dans l'hypothèse d'une voie de fait ou de l'emprise, la juridiction administrative doit se déclarer incompétente.

C- La procédure devant le Tribunal d'Etat

Les règles qui régissent la procédure devant le tribunal d'Etat sont les mêmes que celles qui s'appliquent devant le défunt Conseil du Contentieux Administratif. Le délai de recours passe de trois à deux mois. La justice n'étant plus gratuite, une consignation est prévue pour toutes les requêtes.

Le fait de conférer au Tribunal d'Etat non seulement la plénitude de juridiction, mais surtout de faire de lui le juge du premier et dernier recours comporte un inconvénient majeur, mieux une violation flagrante des principes qui régissent toute organisation juridictionnelle : La règle du double degré de juridiction . En effet, il n'y avait pas possibilité d'appel des arrêts rendus par le Tribunal d'Etat. Seules les voies de rétractation, à savoir l'opposition, la tierce-opposition, le recours en révision et le recours en rectification d'erreur matérielle étaient prévues.

L'article 2 de la loi du 20 Juin 1960 viendra combler cette lacune extrêmement préjudiciable aux droits de la défense. Celui-ci dispose en effet :

« La Cour suprême connaît des pourvois en annulation formés contre les arrêts du Tribunal d'Etat. Elle assure le respect de la compétence de celui-ci par les autres juridictions. »

En clair, il y a rétablissement du principe du double degré de juridiction, puisque la Cour Suprême du Cameroun Oriental joue le rôle de juridiction d'appel. De la même façon, cette juridiction joue le rôle de Tribunal des conflits dans l'hypothèse d'un conflit de compétence soulevé par une partie lors d'un procès.

Le reproche qu'on peut faire à cette loi est la perte d'autonomie du Tribunal d'Etat notamment sur le plan matériel par la voie d'appel. En effet l'article 2 de la loi n°61/12 du 20 juin 1961 relative au contentieux administratif dispose ainsi qu'il suit :

« La Cour Suprême connaît des pourvois en annulation formés contre les arrêts du Tribunal d'Etat.

Elle assure le respect de la compétence de celui-ci par les autres juridictions ».

CHAPITRE IV
LA COUR FEDERALE DE JUSTICE.

C'est la loi constitutionnelle n° 61/24 du 1er Septembre 1961 adoptée pour consacrer l'achèvement du processus politique que fut la réunification des deux parties du territoire jadis séparées, qui institua une cour fédérale de justice, chargée entre autres de la connaissance du contentieux administratif (art 33,al.3.)

Aux termes de ce texte complété plus tard par l'ordonnance n°61/OF/6 du 4 Octobre 1961 fixant la composition, les conditions de saisine et la procédure devant la cour fédérale de justice et le décret n°64/DF/218 du 19 Juin 1964 relatif au fonctionnement de la Cour Fédérale de Justice statuant en matière administrative, le contentieux administratif se répartissait de la façon suivante :

- la Cour Fédérale de justice était juge en premier et dernier ressort du contentieux administratif fédéral ;

- le Tribunal d'Etat restait juge de droit commun du contentieux administratif de l'Etat fédéré du Cameroun Oriental à charge d'appel et de cassation devant la Cour Suprême du Cameroun Oriental ;

- les litiges mettant en cause les personnes morales de droit public du Cameroun Occidental étaient tranchés par les juridictions de droit commun sous réserve de l'application au bénéfice de cet état du principe britannique de l' « immunité de juridiction ». Système très compliqué, la loi du 19 Novembre 1965 allait le réformer.

Cette loi qui a fait ultérieurement l'objet de quelques retouches notamment avec l'intervention de la loi du 14 Juin 1969 fixant la composition, les conditions de saisine et la procédure devant la Cour Fédérale de Justice comporte trois volets :

- elle simplifiait l'organisation judiciaire vue sous l'angle de la justice administrative ;

- elle opérait une scission à l'intérieur du contentieux administratif en réservant désormais la connaissance de la responsabilité extracontractuelle de la puissance publique au juge judiciaire.

Enfin, elle uniformisait les recours, premiers pas vers l'application de règles de fond communes.

Il résultait de ce texte une nouvelle distribution de la justice administrative qu'il convient d'étudier en examinant successivement la composition et le fonctionnement de la nouvelle juridiction.

A- La composition de la cour fédérale de justice

Aux termes de l'article 1er de la loi de 1965 repris par la loi du 14 Juin 1969, la Cour Fédérale de Justice qui siégeait à Yaoundé se composait :

- d'un premier président, de quatre juges fédéraux ;

- d'un procureur général, d'un avocat général et d'un greffier en chef.

Il convient de préciser que ce personnel n'appartenait pas en propre à la cour fédérale de justice. En effet, le personnel qui la composait provenait des juridictions de l'ordre judiciaire des deux Etats fédérés.

Conformément aux dispositions de l'article 15 de la loi du 19 Novembre 1965 repris par celle du 14 juin 1969, la Cour Fédérale de Justice pour l'exercice de ses attributions en matière administrative comprenait :

a- Une Assemblée Plénière qui siégeait à Yaoundé comprenant :

- le premier président de la Cour Fédérale de justice qui était également Président de la Cour Suprême du Cameroun Oriental ;

- quatre juges fédéraux titulaires ou suppléants à l'exception de celui d'entre eux qui aurait participé au jugement de l'affaire en première instance.

- le procureur général ou l'avocat général près la cour fédérale de justice qui était en même temps procureur général près la Cour Suprême du Cameroun Oriental.

- un greffier.

Elle tenait deux sessions ordinaires par an, l'une en Octobre, l'autre en Mars. Elle appliquait la procédure prévue par le décret du 19 Juin 1964.

b- Deux chambres administratives qui siégeaient dans les capitales respectives des deux Etats fédérés, chacune d'elles se composait :

- d'un juge fédéral, titulaire ou suppléant, président. Il était assisté de deux assesseurs avec voix délibérative choisis soit parmi les magistrats du siège, soit parmi les hauts fonctionnaires administrateurs civils dans l'Etat fédéré où siégeait la chambre.
- d'un représentant du parquet général.
- d'un greffier.

B- La procédure devant la Cour Fédérale de Justice

La différence entre les deux chambres résidait au niveau de la procédure. La chambre administrative de Yaoundé appliquait la procédure antérieure en vigueur devant le Tribunal d'Etat, alors que celle de Buea appliquait la procédure civile de droit commun en vigueur pour les litiges entre particuliers.

Cette organisation mise en place par la réforme de Novembre 1965, réaménagée en 1969, devait fonctionner jusqu'en 1972, date de la transformation de la République Fédérale du Cameroun en une République Unie, et de son prolongement sur le plan judiciaire, par la disparition de la Cour Fédérale de justice et la création d'une Cour suprême unique.

La consécration en 1972 de l'évolution politique et constitutionnelle du Cameroun amorcée depuis Octobre 1961 s'est traduite sur le plan juridictionnel par la création d'une juridiction supérieure : La cour Suprême. Cette dernière se substitue aux anciennes cours suprêmes des deux ex-Etats fédérés du Cameroun Oriental et du Cameroun occidental, ainsi qu'à la cour fédérale de justice. En même temps elle conserve certaines de leurs attributions qui se révèlent conformes à la nouvelle constitution, parmi lesquelles celle de statuer sur les recours en indemnité ou en excès de pouvoir dirigés contre les actes administratifs (art.32, al.2. de la constitution du 02 juin 1972).

L'ordonnance du 26 Août 1972 est venue par la suite compléter l'alinéa 2 de l'article 32 en confiant à la Cour Suprême le jugement de l'ensemble du contentieux administratif à l'encontre de l'Etat, des collectivités publiques et établissements publics (art.9).

CHAPITRE V
L'APPORT DU TRIBUNAL D'ETAT ET DE LA COUR FEDERALE DE JUSTICE A L'EMERGENCE D'UN DROIT ADMINISTRATIF CAMEROUNAIS

Contrairement à ce qu'a affirmé un auteur (Jean Claude KAMDEM ; cours polycopié de contentieux administratif ; T.I. 1985/1986 p27) le Tribunal d'Etat au même titre que la Cour Fédérale de Justice ont fait un travail que l'on pourrait qualifier de remarquable. En effet, malgré l'adoption de la loi constitutionnelle du 1er septembre 1961 qui consacre la disparition du Tribunal d'Etat (art.33), et son remplacement par la Cour Fédérale de justice après la reforme du contentieux administratif opérée par la loi n°65/LF/29 du 19 Novembre 1965, ces deux juridictions en trente trois ans d'existence ont apporté une contribution que l'on pourrait qualifier de notable au droit administratif camerounais en général et au contentieux administratif en particulier. Une étude systématique des décisions rendues par ces deux juridictions atteste du bien fondé de cette thèse. A titre d'exemple, il convient de citer certains arrêts qui sont restés célèbres. C'est notamment le cas des décisions suivantes :

Arrêt n° 261/T/E du 12.04.1963 : Syndicat National des administrateurs civils c/ Etat du Cameroun (notion de qualité pour agir).

Arrêt n° 282/T.E du 11.05.1963 : Sieur DONKACK Etienne (principe de l'intangibilité des effets individuels des actes administratifs).

Arrêt n° 223/T.E. du 8.03.1963 : Sieur AMOUGOU NGUELE Paul (notions d'acte détachable et d'opération complexe).

Arrêt n°279/T.E 11.05.1963 : Sieur NKOA NDI Sylvestre (notion de faute personnelle détachable).

Arrêt n°143/T .E du 20.04.1961 : Sieur BASSILEKIN Simon (régime juridique des actes réglementaires et des actes individuels).

Arrêt n°197/T.E. du 16.03.1962 : Ministère de l'intérieur c/MOTOKOENDJ Marcel, ANDJE BOUM Pascal, ENTOM Simon et ABOLI Emile (pouvoir de substitution du juge).

Arrêt n°296/T.E. du 24.8.1963 : Dame BELOUI VERON (régime juridique de la décision préalable).

Arrêt n°370/T.E du 22.12.1964 : MBALLA ESSIANE Elie (admission du principe de la responsabilité de l'agent.)

Arrêt n°31/CFJ/SCAY du 15.11.1966 : Sieur EKINDI JOEL ; (définition de la procédure contentieuse administrative).

Mais, peut-on réellement affirmer qu'il s'agit ici d'un apport considérable à l'émergence, voire à l'affirmation d'un droit administratif camerounais véritablement autonome parce que s'écartant non seulement des règles de droit privé, mais aussi et surtout de l'influence du droit public français tel que celui-ci à été élaboré par le Conseil d'Etat ?

De nombreux auteurs ont donné leur opinion sur cette question au premier rang desquels il convient de citer les professeurs Joseph OWONA et Alain BOCKEL.

A- Opinion positive

Celle-ci est le fait du professeur Joseph OWONA. Celui-ci affirme dans son cours de contentieux administratif, p.217 ce qui suit :

« L'autorité et l'œuvre de la Cour Fédérale de Justice ont été grandes pour la naissance d'un droit administratif spécifiquement Camerounais...notons tout de même que cette autorité, et cela est bénéfique, a été dans le sens de l'adaptation nationale des règles prétoriennes tracées par le prestigieux Conseil d'état français et les juridictions administratives françaises »

Celui-ci pour justifier sa position note deux attitudes des juridictions administratives camerounaises ; soit elles font leurs les positions de principe de la jurisprudence française et cela a été clairement affirmé dans l'arrêt n°213/CFJ/CAY du 18 mai 1972. Dame AOUA HADJA, soit elles adoptent une position de principe nationale que l'on pourrait qualifier d'originale en ce sens qu'elles s'écartent des données françaises, et c'est notamment le cas dans l'arrêt n°187/CFJ/CAY du 29 mars 1972 ; MBEDEY NORBERT[12].

---

[12] *12. - Dame AOUA HADJA. La question des actes qui sont pris par les autorités judiciaires apparaît complexe au regard de leur nature juridique. Le commissaire*

B- Opinion négative

Celle-ci est développée par le professeur Alain BOCKEL ; Ce dernier dans son ouvrage sur l'administration camerounaise publié par

---

du Gouvernement DELVOLVE dans ses conclusions dans l'affaire BAUD ; C.E. 11 mai 1951, S.1952, 3è partie p.13, affirmait ce qui suit : « la règle de la séparation des autorités administratives et judiciaires tend à empêcher les empiétements des tribunaux judiciaires sur l'administration, mais aussi les empiétements de l'autorité administrative sur l'autorité judiciaire ».

Or, il est de notoriété publique que le pouvoir exécutif est étroitement associé à l'organisation du service public de la justice. En revanche il devrait être totalement étranger au fonctionnement des services de ladite institution, et c'est sur cette distinction fondamentale, à savoir, l'organisation des services de la justice et leur fonctionnement que le juge Camerounais faisant siens les principes posés par le juge français a opéré ces distinctions dans la célèbre affaire TAGNY Mathieu rendue par la CFJ en 1967. Et cette jurisprudence a été reprise par la même juridiction dans un arrêt n°213/CFJ du 18 août 1972 Dame AOUA HADJA en ces termes :

« Considérant qu'il ressort du dossier que dame AOUA HADJA se plaint de ce que les autorités judiciaires auraient catégoriquement refusé son action.

Qu'un tel grief qui met en cause le fonctionnement du service judiciaire ne peut être interprété comme une violation de la loi par l'Etat.

Qu'au surplus, le principe de la séparation des pouvoirs interdit au juge administratif de statuer sur les actions qui mettent en cause le fonctionnement des tribunaux judiciaires...Qu'il échoit la Cour de se déclarer incompétente ».

- MBEDEY NORBERT. La juridiction administrative s'est reconnue compétente pour connaître de ce fait à cause de l'acte posé par l'administration. En effet, celle-ci avait émis à son encontre des ordres de recettes d'un montant global de 1.258.910 FCFA pour le vol d'un véhicule mis à sa disposition par l'Etat ainsi que les frais dépensés par l'Etat pour faire voyager sa famille sur le parcours Cameroun – France (Bordeaux). Cet ordre de recette trouvait son fondement dans la loi de finance du 21 juin 1961(article 21) qui institue la responsabilité de l'agent public envers l'Administration pour dommage causé à celle-ci. Mais cette loi demeure silencieuse sur la nature juridique de la juridiction compétente pour connaître de cette responsabilité. Dans le cas d'espèce, le juge administratif a admis sa compétence pour statuer sur la responsabilité pécuniaire des fonctionnaires à l'égard de cette dernière. Mais il importe de souligner que cette question ne figure nullement parmi celles que relevait aux termes de l'article 14 de la loi du 14 juin 1969 de la compétence de la juridiction administrative, et cette dernière a fondé ladite compétence en faisant appel aux règles de droit privé, à savoir l'article 1384 du code civil qui traite des choses confiées à la garde d'autrui.

J.OWONA. Droit Administratif Spécial du Cameroun, P.192-193.

les éditions BERGER-LEVRAUT pour le compte de L'IIAP de Paris, écrit à la page 14 :

« Ce sont les magistrats de l'ordre judiciaire, formés uniquement en vue de leur mission principale, consacrant l'essentiel de leur temps à l'activité des juridictions, qui vont accessoirement se prononcer sur des problèmes parfois délicats de droit administratif.

Or l'on sait l'importance de la jurisprudence dans la formation et le développement de ce droit. Sans doute la lecture de certains arrêts témoigne du souci fort louable de recourir aux modes de raisonnement et aux principes classiques adoptés par le juge administratif français, mais derrière cette façade, l'on peut se rendre compte, et quelques solutions le prouvent nettement, que les juges ne peuvent se défaire de leur formation. L'on peut légitimement penser que la pureté du droit administratif s'en ressentira. Malgré la spécificité des problèmes posés dans le cadre du contentieux administratif…Le droit administratif camerounais ne peut manquer d'être influencé par les techniques et méthodes de raisonnement du droit privé…la dualité des ordres de juridiction telle qu'elle est conçue au Cameroun semble moins favorable à l'affirmation du droit administratif… celle-ci parait difficile au Cameroun ».

En fait, il convient de reconnaître que l'affirmation du Professeur Alain BOCKEL n'est pas tellement fausse. En effet, une analyse des décisions rendues par la Cour Suprême actuelle démontre clairement que les magistrats camerounais statuant en matière de contentieux administratif font beaucoup appel aux solutions dégagées par leurs homologues français. A titre d'exemple on peut citer le jugement n°50/CS/CA du 1er février 1985 AMSECOM/AMSECONCOM.[13]

---

[13] *J. BINYOUM, voir nos observations sur cette décision in RECEUIL DES TEXTES JURIDIQUES ET DE LA JURISPRUDENCE EN MATIERE DE FONCTION PUBLIQUE.p.33/41.T.III. Ouvrage édicté par le ministère de la fonction publique et de la réforme administrative, édition 2008.P.31et ss notamment p.40 et 41. En effet, dans cette affaire, le juge administratif Camerounais fait constamment appel au droit Français (Droit Public Droit Privé) pour résoudre les différents problèmes qui ont été soulevés par les deux parties. Au total, ces références qui sont au nombre de vingt- neuf se repartissent de la façon suivante :*

1- Sur le pouvoir de résiliation unilatérale.

La loi n°2006/016 du 29 décembre 2006 fixant l'organisation et le fonctionnement de la Cour Suprême permettra à coup sûr de relativiser, voire de mettre fin à cette controverse doctrinale. En effet, à travers l'adoption de ce texte, le législateur a entendu prendre en considération les réalités complexes de la société camerounaise à travers la mise en place au sein de cette institution, de plusieurs sections spécialisées dans le contentieux administratif à savoir :

- une section du contentieux de la fonction publique ;

- une section du contentieux des affaires foncières et domaniales ;

- une section du contentieux fiscal et financier ;

- une section du contentieux des contrats administratifs ;

- une section du contentieux de l'annulation et des questions diverses.

Référence doctrinale (Une, A. de LAUBADERE) et jurisprudentielle (Quatre, toutes du conseil d'Etat).

2- Sur le droit à l'indemnisation

Référence doctrinale (deux : R. ALLARD, Répertoire Dalloz et Droit Public et Administratif) et jurisprudentielle (sept : 7 arrêts du C.E).

3- Sur l'indemnisation pour rupture abusive du contrat

Références doctrinales (trois ; R.CHAPUS, A. de LAUBADERE et E.P. Luce. et jurisprudentielle (six : 6 arrêts du C.E).

4- Sur la demande de dommages intérêts pour le retard dans le paiement des sommes dues.

Références doctrinales deux ; (R. CHAPUS et A. de LAUBADERE).

5- sur la demande portant sur le paiement de majoration pour révision des prix.

Références doctrinales (une, le Dalloz) et jurisprudentielle (deux ; 2 arrêts du C.E).

J.M. BIPOUN-WOUM « recherches sur les aspects actuels de la réception du droit administratif dans les Etats d'Afrique noire d'expression Française : le cas du Cameroun » in Revue juridique et politique, indépendance et coopération, n°3.1972p.377&ss.

M. KAMTO « La fonction administrative contentieuse de la Cour Suprême du Cameroun. In Les Cours suprêmes et hautes juridictions d'Afrique. Paris, éd. Economica, 1988.

Dans le même ordre d'idées, la loi n° 2006/022 du 29 décembre 2006 fixant l'organisation et le fonctionnement des tribunaux administratifs prévoit l'appel à des personnalités extérieures, notamment des professeurs de droit des universités ayant exercé comme enseignants pendant au moins dix années consécutives, des chargés de cours en droit ayant exercé comme enseignants pendant au moins quinze années consécutives, ainsi que des fonctionnaires de la catégorie A et les cadre contractuels d'administration titulaires d'une maîtrise en droit pour siéger au sein de ces juridictions administratives en qualité de juge ou substitut en service extraordinaire pour une période de cinq ans.

SOUS TITRE II
L'ORGANISATION ACTUELLE DE LA JURIDICTION ADMINISTRATIVE

Aux termes de la loi n°2006/016 du 29 décembre 2006 fixant l'Organisation et le Fonctionnement de la Cour Suprême, celle-ci comprend :

- une chambre Judiciaire ;
- une Chambre Administrative ;
- une Chambre de comptes ;
- une formation des Chambres Réunies ;
- une assemblée Générale ;
- un Bureau ;
- secrétariat Général ;
- un greffe.

Chaque chambre comprend :

- des sections ;
- Une formation des sections réunies

La chambre judiciaire comprend :

- Une section civile
- Une section commerciale ;
- Une section pénale ;
- Une section sociale ;
- Une section de droit traditionnel.

La Chambre Administrative comprend :

- Une section du contentieux de la Fonction Publique ;
- Une section du contentieux des affaires foncières et domaniales ;
- Une section du contentieux fiscal et financier ;

- Une section du contentieux des contrats administratifs ;

- Une section du contentieux de l'annulation et des questions diverses.

Chaque section connaît des appels et des pourvois en cassation relatifs aux matières qui relèvent de sa compétence.

De son coté la loi n°2006/022 du 29 décembre 2006 fixant l'organisation et le fonctionnement des tribunaux administratifs prévoit à son article 6 que le tribunal administratif est composé ainsi qu'il suit :

a- au siège

- d'un président ;

- des juges ;

- d'un greffier en chef

- de greffiers ;

b- au parquet

- du procureur général près la Cour d'Appel du ressort du tribunal administratif

- d'un ou de plusieurs substituts du procureur général.

Elle dispose en outre en son article 8, que :

Les membres du tribunal administratif et ceux du parquet sont des magistrats relevant du statut de la magistrature.

Toutefois, pour les besoins de service, peuvent être nommés juges ou substituts en service extraordinaire au tribunal administratif pour une période de cinq (5) ans ;

a) Les professeurs de droit des universités ayant exercé comme enseignant pendant au moins dix (10) années consécutives ;

b) Les chargés de cours en droit des universités ayant exercé comme enseignant pendant au moins quinze (15) années consécutives ;

c) Les fonctionnaires de la catégorie A et les cadres contractuels d'administration titulaires d'une maîtrise en droit ayant exercé leurs fonctions pendant au moins quinze (15) années consécutives.

La contribution de ces enseignants, spécialistes du droit et surtout du droit public contribuera certainement à améliorer la qualité des décisions rendues en matière administrative. L'on est en droit de croire, voire d'affirmer que les griefs faits à la juridiction administrative telle qu'anciennement structurée et qualifiée à travers certaines de ses décisions « d'étiolement, suivisme et paupérisation du contentieux administratif.»[14] ne pourront plus prospérer.

[14] *J.M BIPOUN-WOUM. OP. Cit.P.377-378.*

A.S. MESCHERIAKOFF ; Le déclin de la fonction administrative contentieuse au Cameroun. In RJPIC T. 34. n°4, oct.- déc.1980. p.825-840.

TITRE II
LA COMPETENCE MATERIELLE DE LA JURIDICTION ADMINISTRATIVE

SOUS TITRE I
LA COMPETENCE CONTENTIEUSE DE LA JURIDICTION ADMINISTRATIVE

CHAPITRE I
LA COMPETENCE DE LA JURIDICTION ADMINISTRATIVE EST LIMITEE AU CONTENTIEUX DES ACTIVITES DE L'ADMINISTRATION CAMEROUNAISE

Le législateur camerounais, dans un souci légitime de simplification a procédé à une énumération des matières dont le contentieux relève de la compétence de la juridiction administrative.

C'est ainsi qu'aux termes de l'article 2 alinéa 3 de la loi n°2006/022 du 29 décembre 2006 fixant l'organisation et le fonctionnement des tribunaux administratifs, le contentieux administratif comprend :

a- Les recours en annulation pour excès de pouvoir et, en matière non répressive les recours incidents en appréciation de légalité. Est constitutif d'excès de pouvoir au sens du présent article :

- le vice de forme
- l'incompétence
- la violation d'une disposition légale ou réglementaire ;
- le détournement de pouvoir.

b - Les actions en indemnisation du préjudice causé par un acte administratif ;

c- Les litiges concernant les contrats (à l'exception de ceux conclus même implicitement sous l'empire du droit privé) ou les concessions de services publics ;

d- Les litiges intéressant le domaine public ;

e- Les litiges intéressant les opérations de maintien de l'ordre.

Dans l'arrêt n°20 du 20 Mars 1968 ; NGONGANG NJANKE Martin c/ Etat du Cameroun, l'Assemblée Plénière de la cour fédérale de justice donne de l'acte administratif unilatéral la définition suivante :

« L'acte administratif unilatéral est un acte juridique unilatéral pris par une autorité administrative dans l'exercice d'un pouvoir administratif et créant des droits et des obligations pour les particuliers. »

Cet élément de la définition appelle trois observations :

1°) l'acte administratif est un acte juridique qui émane d'une seule volonté ;

2°) l'acte administratif est pris par une autorité administrative dans l'exercice d'un pouvoir purement administratif ;

3°) l'acte administratif matérialise sa puissance par la création de droits et obligations qui s'imposent aux particuliers.

A- C'est un acte juridique qui émane d'une seule volonté

C'est tout d'abord un « acte juridique ». Cela signifie que cet acte est une « manifestation de volonté destinée à modifier des situations juridiques existantes ». En d'autres termes, une volonté délibérée d'introduire des changements dans la situation juridique d'une personne.

La conséquence pratique de cette distinction réside dans le fait que le juge administratif est compétent pour connaître des litiges nés d'un acte administratif alors que c'est le juge judiciaire qui est compétent pour les litiges découlant des faits juridiques involontaires (ex. de la matière de la responsabilité extra contractuelle).

Cet acte juridique est le fait d'une volonté. L'acte administratif traduit la volonté d'une seule personne, à savoir celle qui l'a pris sans la moindre participation de ceux à l'égard desquelles il s'impose. Cette décision administrative peut être l'émanation soit d'une volonté collective (ex. la délibération d'un conseil municipal, un arrêté interministériel, etc.). Ce qui est important ici, c'est que cet acte émane d'un seul camp, ses auteurs sont tous d'un même côté, celui de l'Administration.

Tout acte juridique implique donc la présence de deux éléments ; Il s'agit d'une part de l'aspect décisionnel constitué ici par l'intervention de la volonté de son auteur, et d'autre part de l'aspect juridique proprement dit, qui permet de le différencier de l'aspect matériel dans la mesure où l'acte juridique est essentiellement créateur de normes juridiques.

B- Cet acte est pris par une autorité administrative agissant en cette qualité.

Cet élément de la définition permet de cerner de très près la notion d'autorité administrative. En effet, dans l'esprit des justiciables, il est difficile de clarifier de façon nette et claire les différentes autorités qui agissent au nom de l'Etat. Pour l'homme de la rue, le Président de la République, le Premier Ministre, les Ministres, les députés, les gouverneurs de Province ou le Maire d'une Commune ainsi que le Président d'une Cour d'Appel sont tous des autorités administratives puisqu'ils agissent tous au nom de l'Etat.

Il s'avère donc nécessaire d'opérer une classification devant tenir compte de la nature véritable de chacune de ces autorités. Le juge administratif camerounais, dans un souci louable de simplification et de clarification, a précisé cette notion en ne reconnaissant la qualité d'autorité administrative qu'aux agents du « pouvoir exécutif » agissant à ce titre.

Ce constat entraîne une double conséquence :

- Les actes pris par des personnes privées n'entrent pas dans la catégorie d'actes administratifs ;

- Dans le même ordre d'idées, les actes émanant des personnes publiques non administratives obéissent au même régime juridique. C'est notamment le cas des actes pris par les autorités judiciaires.

SECTION I : EXCLUSION DES ACTES DES PERSONNES PUBLIQUES NON ADMINISTRATIVES.

Il s'agit d'une part des actes des autorités législatives, de ceux posés par les autorités judiciaires d'autre part et enfin, des actes de gouvernement.

PARAGRAPHE I : LES ACTES DES AUTORITES LEGISLATIVES

Les lois votées par l'Assemblée Nationale ne peuvent pas être portées à la connaissance du juge administratif ; en effet dans l'hypothèse où lesdites lois se révèlent être contraires à la

Constitution, leur inconstitutionnalité relève de la compétence du conseil constitutionnel. Il en va autrement des actes pris par les organes dirigeants de l'Assemblée Nationale à l'instar du Président de l'Assemblée Nationale ou du secrétaire général de cette institution qui revêtent un caractère d'actes administratifs et de ce fait peuvent faire l'objet d'un recours pour excès de pouvoir ou en indemnisation devant le juge administratif.

PARAGRAPHE II : LES ACTES DES AUTORITES JUDICIAIRES

Le problème des actes pris par les autorités judiciaires apparaît complexe eu égard à leur nature juridique. Le commissaire du gouvernement DELVOLVE dans ses conclusions sous l'arrêt BAUD rendu par le Conseil d'état en date du 11 mai 1951, SIREY 3.p13 l'a reconnu lorsqu'il affirme :

« La règle de la séparation des autorités administratives et judiciaires tend à empêcher les empiétements des tribunaux judiciaires sur l'Administration, mais aussi les empiétements de l'autorité administrative sur l'autorité judiciaire ».

Or, le pouvoir exécutif est partie prenante à l'organisation du service public de la justice. En revanche, ce même pouvoir exécutif devrait être étranger au fonctionnement des services judiciaires ; Et c'est sur la base de cette distinction fondamentale entre organisation du service public de la justice et fonctionnement de ce dernier que le juge administratif camerounais a fondé sa position dans le cadre du célèbre arrêt TAGNY Mathieu *(arrêt n°40/CFJ/SCAY du 16 mars 1967)* lequel n'a fait que reprendre la distinction opérée par le tribunal des conflits français dans sa décision du 27/11/1952. Préfet de la GUYANE ; rec.642. GAJA. N°87.

Les décisions rendues ultérieurement à l'arrêt TAGNY Mathieu n'ont fait que confirmer cette position.

(cf. jugement n°43/CS/CA du 26/06/1980 ; MONDOUBOU Théodore c/ Etat du Cameroun ; Jugement n° 44/CS/CA du 26/06/1980 ; YOMBI ALPHONSE Bernard C/ Etat du Cameroun. Etc.).

« Attendu que le principe de la séparation des pouvoirs exécutif et juridictionnel et de la séparation des ordres juridictionnels qui eut pour conséquence d'interdire aux tribunaux judiciaires de connaître des litiges nés de l'activité administrative, a également pour corollaire de soustraire à la connaissance du juge administratif tous les actes participant à l'exercice de la fonction judiciaire ».

Cependant le juge administratif peut en principe connaître de toutes les mesures relatives à l'organisation du service judiciaire telles que prises par le pouvoir exécutif. Il en est ainsi des actes portant création et suppression des juridictions ; C'est également le cas pour les actes concernant la carrière et la discipline des magistrats du siège.

(Jugement ADD/CS/CA du 28/01/1982; TATSINDA Maurice c/ Etat du Cameroun;

Jugement N°52/CS/CA du 20/06/1982 ; ATANGANA MBARGA Adalbert ;)

Dans le même ordre d'idées, lorsque les décisions émanent du conseil Supérieur de la Magistrature surtout lorsqu'il s'agit des sanctions disciplinaires, celles-ci peuvent faire l'objet d'un recours pour excès de pouvoir devant le juge administratif, (cf. décret n°95/048 du 8 mars 1995 modifié portant statut de la magistrature).

Toutefois, la juridiction administrative est compétente pour connaître des actions nées du refus de l'autorité administrative de prêter main forte à l'exécution des décisions de justice comme elle en a cependant l'obligation légale. *(C.E. 30/11/1923 ; Couitéas Rec. 789 ; G.A. N°45).*

Les actes de la police judiciaire qui vise à la répression des infractions, sont en cas de contestation, portés à la connaissance du juge judiciaire.

Par contre, les actes pris dans le domaine de la police administrative tels que le maintien de l'ordre public, relèvent en cas de contestation, de la compétence du juge administratif. *(C.E. 19/06/1953 ; Félix HOUPHOUET- BOIGNY. ; Rec. 298.).*

PARAGRAPHE III : LES ACTES DE GOUVERNEMENT

C'est une création de la jurisprudence administrative française. Cette notion a été diversement appréciée par le juge administratif camerounais à travers les *jugement n° 66/ADD/CS/CA du 31 Mai 1979 KOUANG GUILLAUME Charles, n°40/CS/CA du 29 Mars 1980 MONKAM TIENTCHIEU David et Docteur ESSOUGOU Benoît du 24 Avril 1980.*

Les actes de gouvernement sont des actes pris par le pouvoir exécutif lorsque ce dernier n'agit pas en qualité d'autorité administrative. Cela se vérifie dans trois hypothèses :

A- Actes ayant trait aux rapports du gouvernement avec le parlement

Il s'agit de des actes qui ont trait aux rapports du gouvernement avec le parlement. C'est notamment le cas :

- des actes déterminant les modalités de l'élection à l'Assemblée Nationale ;

- des actes portant convocation du collège électoral en vue des élections à l'Assemblée Nationale ;

- des actes portant convocation de la première session d'une nouvelle législature ;

les décisions du Gouvernement relativement à l' exercice de son droit d'initiative des lois : dépôt d'un projet de loi ou le retrait d'un tel projet ; le refus de déposer un projet de loi ; le dépôt d'une demande de nouvelle délibération d'une loi ; le refus d'une telle demande…

B- Actes intéressant les rapports du Gouvernement Camerounais avec l'Etranger, c'est-à-dire les actes à caractère international ou diplomatique

Il s'agit :

- de la négociation des traités ;

- du paraphe des traités ;

- de la signature des traités

- des instructions envoyées aux agents diplomatiques ;

- des mesures d'exécution des traités ;

- de la protection diplomatique…

SECTION II : CAS DES ACTES PRIS PAR LES PERSONNES MORALES DE DROIT PRIVE

En règle générale, le juge administratif camerounais ne confère pas la qualité d'actes administratifs aux décisions prises par les personnes morales de droit privé. Mais ce principe supporte trois exceptions notables. En effet, le juge administratif camerounais reconnaît la nature d'actes administratifs aux décisions émanant des ordres professionnels d'une part *(arrêt n° 50/CFJ/SCAY ; 27.01.1968 Bernard AUTEROCHE c/ Ordre National des médecins. Jugement n°23/CS/CA ; 03.02. 1972. YEYAP NJOYA c/ Ordre National des Avocats.)*, à celles prises par les autorités des chambres consulaires d'autres part *(Jugement n°41/CS/CA du 25 Mai 1989 ; TCHATCHOUA Jean Pierre.)* et enfin à celles des dirigeants des fédérations sportives *(Jugement n°48/CS/CA du 25 Juin 1989 ; AIGLE ROYAL de Dschang).*

CHAPITRE II
LA DETERMINATION DE LA COMPETENCE DU JUGE ADMINISTRATIF A L'INTERIEUR DE L'ACTIVITE ADMINISTRATIVE

SECTION I : CRITERES GENERAUX DE REPARTITION DES COMPETENCES

Du point de vue historique, l'Administration essaya de soustraire la connaissance des litiges rentrant dans le cadre de l'action des autorités administratives à la connaissance des juges judiciaires. Mais cette thèse qui avait cours à l'époque de la théorie de l'Etat gendarme où l'on opérait une distinction entre les actes de puissance publique et les actes de gestion ne pouvait prospérer. Cette donnée historique n'est plus d'actualité notamment, dans le contexte camerounais.

En effet, le législateur camerounais, dans un souci de simplification, a opéré une division ternaire des litiges qui ressortissent à la fois à la compétence des juridictions de l'ordre administratif (compétence positive), à la compétence des juridictions de l'ordre judiciaire (compétence négative), et enfin une troisième compétence de litiges qu'on peut qualifier de résiduelle.

Cette simplification, clarification s'est imposée parce que la législation antérieure n'avait pas adopté une position claire et nette là-dessus comme le confirme *l'arrêt n°602/CCA du 29 juin 1957. Compagnie d'Assurances « la nationale c/Etat du Cameroun ».*

« Considérant qu'en cas de concours de responsabilités en matière d'accidents, la détermination de la part de responsabilité et de l'étendue des réparations incombant à une personne publique dépend exclusivement de l'appréciation du juge administratif ; que celui-ci n'est pas lié par les décisions des tribunaux de droit commun qui ont pu fixer la part de responsabilité et l'étendue des réparations incombant à un particulier dans la même affaire ».

PARAGRAPHE I : LES CAS DE COMPETENCE DU JUGE ADMINISTRATIF

La loi n°2006/022 du 29 décembre 2006 fixant l'organisation et le fonctionnement des tribunaux administratifs prend soin d'énumérer les matières qui ressortissent de la compétence de la juridiction administrative. L'article 2 dudit texte dispose :

(1) Les tribunaux Administratifs sont des juridictions inférieures en matière de contentieux administratif au sens de l'article 40 de la Constitution.

(2) Les Tribunaux Administratifs connaissent en premier ressort, du contentieux des élections régionales et municipales et en dernier ressort, de l'ensemble du contentieux administratif concernant l'Etat, les collectivités publiques territoriales décentralisées et les établissements publics administratifs, sous réserve des dispositions de l'article 14 (2) de la présente loi.

(3) Le contentieux administratif comprend :

a- Les recours en annulation pour excès de pouvoir et, en matière non répressive les recours incidents en appréciation de légalité. Est constitutif d'excès de pouvoir au sens du présent article :

- Le vice de forme
- L'incompétence
- La violation d'une disposition légale ou réglementaire ;
- Le détournement de pouvoir.

b - Les actions en indemnisation du préjudice causé par un acte administratif ;

c- Les litiges concernant les contrats (à l'exception de ceux conclus même implicitement sous l'empire du droit privé) ou les concessions de services publics ;

d- Les litiges intéressant le domaine public ;

e- Les litiges intéressant les opérations de maintien de l'ordre.

PARAGRAPHE II : LA COMPETENCE ADMINISTRATIVE DES TRIBUNAUX DE L'ORDRE JUDICIAIRE

L'article 3 du même texte énumère les matières qui ressortissent à la compétence des tribunaux de l'ordre judiciaire. En effet, il est clairement affirmé ce qui suit :

(1)- les tribunaux de droit commun connaissent, conformément au droit privé, de toute autre action ou litige, même s'il met en cause les personnes morales énumérées à l'article 2, la responsabilité desdites personnes morales étant à l'égard des tiers substituée de plein droit à celle de leurs agents auteurs des dommages causés dans l'exercice même de leurs fonctions.

(2)- Ils connaissent, en outre, des emprises et des voies de fait administratives et ordonnent toute mesure pour qu'il y soit mis fin.

A- L'emprise

L'emprise est une prise de possession par l'Administration à titre provisoire ou définitif d'une propriété immobilière privée.

Jugement n° 46/CS/CA du 27/5/1982 ; Dame veuve André TESTAS née Mathilde Jeanne TUYTELAERS c/ Etat du Cameroun.

« Attendu que cette dépossession de son immeuble dont a été victime la requérante n'a été précédée d'aucune procédure d'expropriation ni d'une autre ayant un caractère régulier.

Attendu que cette dépossession irrégulière constitue ...une emprise ».

1- les conditions de l'emprise

Elles sont au nombre de deux.

- Il doit y avoir atteinte à une propriété immobilière ;

- Cette atteinte est une véritable dépossession qui peut être soit momentanée, soit définitive.

2- les effets de l'emprise

Ils sont différents suivant qu'il s'agit de la constatation ou de la réparation de l'emprise.

- Pour ce qui est de la constatation

Le juge administratif est compétent pour apprécier le caractère régulier ou irrégulier d'une emprise.

Jugement du 30 Novembre 1978 ; ATANGANA NTONGA Sylvestre c / Etat du Cameroun.

« Attendu que dans le cas d'espèce, il s'agit bien d'une voie de fait administrative (empiètement et dégradation du terrain d'ATANGANA) que, dans ces conditions, la compétence des tribunaux de l'ordre judiciaire est totale et s'étend sur l'ensemble du préjudice résultant de l'emprise immobilière irrégulière ».

Par contre, seul le juge judiciaire est compétent pour ordonner non seulement que la victime soit indemnisée, mais en plus, il peut intimer à l'autorité administrative l'ordre d'y mettre fin.

B- La voie de fait

Il y a voie de fait lorsque « l'administration par un acte grossièrement illégal, porte atteinte à une liberté publique ou à sa propriété privée ».

1- Les conditions de la voie de fait

Deux conditions sont exigées.

- L'administration doit porter atteinte à une liberté ou à un droit de propriété. Cette atteinte doit consister en une opération matérielle, c'est-à-dire que l'administration doit passer à l'action ou menacer d'y passer de façon imminente.

- La mesure administrative doit être manifestement illégale. Cela signifie que le vice qui entache la mesure doit être tellement grave qu'il dénature l'opération et lui fait perdre son caractère administratif.

Jugement n° 12/CS/CA du 28/01/1982 : Dame BINAM née NGO JOM FIDELE c/ Etat du Cameroun.

« Attendu ... qu'il y a lieu de constater que la publicité accordée à la décision de suspension porte atteinte à l'inviolabilité de la personne qui a droit à son intégrité tant physique que morale.

Que cette atteinte à une liberté individuelle constitue une voie de fait administrative qui donne compétence au juge judiciaire pour statuer sur la demande en dommages- intérêts présentée par le Dr. BINAM ».

Il convient de préciser que la voie de fait perd son caractère de vice extrêmement grave et se ramène à une simple illégalité entraînant la compétence du juge administratif en période de circonstances exceptionnelles. (T.C, 27 mars 1952, Dame De La MURETTE, G.A n°85).[15]

2- Les effets de la voie de fait

Au même titre que l'emprise, ceux-ci varient suivant qu'il s'agit de la constatation ou de la réparation de la voie de fait.

- constatation de la voie de fait

L'article 3 de la loi n°2006/022 du 29 décembre 2006 fixant l'organisation et le fonctionnement des tribunaux administratifs dispose expressément que c'est la chambre administrative de la Cour Suprême qui est reconnue compétente pour statuer sur l'exception préjudicielle soulevée en matière de voie fait administrative et de l'emprise.

- réparation de la voie de fait

Elle est de la compétence du juge judiciaire qui dispose de la plénitude de compétence, puisqu'il peut non seulement accorder des dommages-intérêts, mais aussi adresser des injonctions à l'Administration. Mais dans la pratique, est-ce réellement le cas ? Les faits tendent plutôt à démontrer le contraire. En effet, l'emprise et la voie de fait administrative posent un sérieux problème aux justiciables camerounais. Ce problème se résume en un seul mot ; lenteur dans l'intervention de la décision du juge ; et cette lenteur trouve son explication dans la complexité du système juridictionnel camerounais. Il importe de souligner à cet égard que la raison d'être de ces deux théories étant essentiellement d'ordre historique, sa réception par le législateur camerounais est le résultat d'une simple contingence qui juridiquement ne s'explique et ne se justifie pas. Ces deux théories sont nées au 19è siècle en France, c'est-à-dire à une époque où on estimait que la juridiction administrative, dont la création était récente, n'offrait pas assez de garanties aux individus pour la protection de leurs droits et libertés au même titre que les juridictions judiciaires. C'est la raison pour laquelle le législateur Camerounais a réservé la connaissance de la voie de fait à la plus haute juridiction, la Cour Suprême. Celle-ci, pour se prononcer sur la nature juridique des actes

---

[15] Catherine LALUMIERE, Pierre SADRAN. Droit Administratif, MEMENTOS THEMIS, P.U.F. 1977.

administratifs susceptibles de revêtir le caractère d'une voie de fait administrative, obéit à une composition paritaire, magistrats des ordres administratif et judiciaire.

Il s'agit là d'une reprise des principes posés en France avec la création du Tribunal des conflits. Certains auteurs[16] ont justifié cette compétence exclusive de la Cour Suprême par l'autorité de ses décisions qui seraient plus facilement exécutées par l'administration, alors qu'il en irait autrement si ces décisions émanaient de juridictions inférieures.

Si politiquement cet argument se justifie et se comprend, par contre, cette attitude ne tient pas suffisamment compte des intérêts des justiciables. En effet, une étude systématique des arrêts rendus en matière de voie de fait permet de faire un constat fort alarmant : il s'écoule un temps extrêmement long entre la saisine du juge, la déclaration d'incompétence de celui-ci aux fins de saisine de l'Assemblée Plénière de la Cour Suprême, l'arrêt de cette dernière attributive de compétence, enfin la sanction du juge judiciaire, plus de 20 ans .Et lorsque la décision des tribunaux judiciaires intervient, le plaideur est payé en monnaie de singe ;

La loi n°2006/022 du 29 décembre 2006 fixant l'organisation et le fonctionnement des tribunaux administratifs modifie cette donne. En effet, c'est désormais la chambre administrative de la Cour Suprême, juridiction d'appel et de cassation en matière du contentieux administratif qui sera désormais compétente pour statuer sur l'exception préjudicielle soulevée en matière de voie de fait administrative et d'emprise.

PARAGRAPHE III- LES QUESTIONS PREJUDICIELLES

Il s'agit de l'interprétation et de l'appréciation de la légalité des actes administratifs par les tribunaux de l'ordre administratif ou de

---

[16] *Henri JACQUOT Le Contentieux Administratif au Cameroun. In R.C.D n°8.*

J.BINYOUM. Voir nos observations in RECUEIL DES TEXTES JURIDIQUES ET DE LA JURISPRUDENCE EN MATIERE DE FONCTION PUBLIQUE ; tome III : JURISPRUDENCE pp. 87-88. Edition 2008. Ouvrage édicté par le ministère de la fonction publique et de la réforme administrative.

l'ordre judiciaire. Il peut arriver que la solution d'un litige dépende d'une question accessoire. Il se pose alors le problème de savoir si cette question accessoire sera réglée par le juge qui est saisi du litige principal. Il s'agit là d'un problème général de technique procédurale. Celui-ci se pose le plus souvent devant les tribunaux de l'ordre judiciaire. Ceux-ci peuvent-ils, à propos d'un litige principal dont ils sont compétemment saisis, apprécier la légalité des actes administratifs ou les interpréter lorsque la solution finale est conditionnée par ces questions préjudicielles ? Cette question soulève deux principes contradictoires.

D'une part, Il y a le principe selon lequel le juge de l'action est également juge de l'exception. D'autre part, le principe sacro-saint de la séparation des pouvoirs prohibe toute immixtion du juge judiciaire dans la connaissance des affaires administratives.

La solution dégagée par le tribunal des conflits Français repose sur une triple distinction.

- La première se situe au niveau de l'interprétation des actes administratifs et de leur appréciation.

- La seconde se réfère à la nature réglementaire ou individuelle des actes mis en cause.

- Enfin la troisième est relative à la nature de la juridiction saisie.

Les solutions camerounaises en la matière qui s'inspirent pour une large part des données de la jurisprudence française sont les suivantes :

A- Devant les tribunaux judiciaires non répressifs et les tribunaux administratifs

Les tribunaux judiciaires non répressifs tout comme les tribunaux administratifs ne peuvent pas apprécier ni interpréter la légalité d'un acte législatif ou réglementaire.

Toutes les fois qu'une question d'appréciation de la légalité d'un tel acte se pose à son niveau, ils doivent surseoir à statuer et renvoyer les parties devant la chambre administrative qui tranchera la question préjudicielle. (Article 2 al.3a) de la loi n°2006/022 du 29 décembre 2006.

Par contre, le juge judiciaire non répressif est compétent pour interpréter les actes administratifs réglementaires ou individuels.

B- Devant les tribunaux judiciaires répressifs

Les juridictions répressives camerounaises disposent de la plénitude de compétence en la matière, en ce sens qu'elles peuvent non seulement interpréter les actes administratifs, mais en plus apprécier leur légalité, que ceux-ci soient réglementaires ou individuels.

SECTION II : LE REGLEMENT DES CONFLITS DE COMPETENCE

L'existence de deux ordres de juridiction soulève de délicats problèmes de répartition des compétences.

LA TYPOLOGIE DES CONFLITS DE COMPETENCE

L'on distingue notamment trois types de conflits, à savoir les conflits positifs de compétence, les conflits négatifs de compétence et les conflits au fond.

- Le conflit positif d'attribution

Il s'agit de protéger l'administration contre les empiétements de l'autorité judiciaire ; Il y a conflit positif lorsqu'un tribunal de l'ordre judiciaire prétend connaître de l'objet d'un litige alors que l'autorité administrative soutient au contraire qu'un tel différend ne relève point de sa compétence (cf. arrêt Abraham MVE NDONGO précité).

- Le conflit négatif d'attribution

Il s'agit de protéger les justiciables contre le risque d'un déni de justice. Il y a conflit négatif d'attribution lorsque les juridictions administratives et judiciaires se sont déclarées toutes les deux incompétentes sur la même question alors que l'une d'elles est bien compétente.

Deux conditions sont exigées pour que l'on puisse parler d'un conflit négatif d'attribution :

- Il faut une double déclaration d'incompétence dont l'une est erronée.

- Il faut que le jugement d'incompétence de la première juridiction soit encore susceptible de recours lorsque la seconde juridiction statue. (T.C. 14.01.1980. FALANGA).[17]

- Enfin le conflit portant sur le fond de l'affaire

Dans ce cas précis, l'on parle de conflit de décision. Une telle hypothèse se vérifie lorsque dans une même affaire, les deux ordres de juridictions ont rendu des décisions différentes portant sur le fond de l'affaire. (T.C. 8 mai 1933 ROSAY. Rec. 1236.). Pour qu'il ait conflit de décision c'est-à-dire contrariété de décisions, trois conditions doivent être remplies ; à savoir :

- Il faut deux jugements sur le fond rendus l'un par une juridiction administrative, l'autre par une juridiction judiciaire.
- les décisions doivent porter sur le même objet (T.C. 6.7.1981, Ministre du budget c/Consorts COUACH ; R.D.P, 1982 p.1143).
- Il faut que les deux juridictions aient pris des décisions contraires équivalant à un déni de justice.

PARAGRAPHE I : LA PREMIERE PHASE DEVANT LA JURIDICTION SAISIE EN PREMIER RESSORT

Il peut s'agir soit d'un tribunal non répressif, soit de la juridiction administrative.

L'exception d'incompétence peut être soulevée par les parties, le Ministère Public ou la juridiction elle-même. Dans tous les cas, le juge saisi doit statuer immédiatement par décision avant-dire droit sur sa compétence ; Il doit surseoir à statuer au fond pendant un délai de 10 jours, qui doit permettre aux parties ou au Ministère Public de saisir la chambre administrative.

---

[17] *Marcel MONIN. Arrêts fondamentaux de droit administratif éd. ELLIPSES.1995. P.304.*

PARAGRAPHE II : LA DEUXIEME PHASE DEVANT LA CHAMBRE ADMINISTRATIVE DE LA COUR SUPREME

La décision rendue par la juridiction saisie peut faire l'objet d'un pourvoi devant La chambre administrative de la Cour suprême, pourvoi qui peut être le fait des plaideurs ou du Ministère Public.

Ce pourvoi doit être formé par une déclaration au greffe de la juridiction qui vient de rendre la décision attaquée.

La chambre administrative prend trois sortes de décisions.

Elle peut soit :

- Confirmer la décision de compétence prise par la juridiction précédemment saisie qui reprend la procédure et la règle au fond.

- Confirmer la décision d'incompétence de la juridiction saisie.

- Soit enfin infirmer la décision de compétence de ladite juridiction.

Dans les deux cas, la chambre administrative doit désigner dans son arrêt la juridiction devant laquelle l'affaire sera portée.

SOUS TITRE II
LA REPARTITION DES COMPETENCES A L'INTERIEUR DE LA JURIDICTION ADMINISTRATIVE

CHAPITRE I
LA REPARTITION DES COMPETENCES ENTRE LES TRIBUNAUX ADMINISTRATIFS ET LA CHAMBRE ADMINISTRATIVE DE LA COUR SUPREME

Il importe d'opérer une distinction à l'intérieur de l'ordre juridictionnel administratif.

En effet la loi n°2006/022 du 29 décembre 2006 fixant l'organisation et le fonctionnement des tribunaux administratifs dispose en son article 14 alinéa 1 :

« Les tribunaux administratifs sont, sauf dispositions contraires de la loi, juges de droit commun du contentieux administratif en premier ressort ».

Les juridictions d'attribution ne sont compétentes que sur la base d'un texte formel.

SECTION I : LA COMPETENCE DES TRIBUNAUX ADMINISTRATIFS, JUGES DE DROIT COMMUN

Les tribunaux administratifs sont juges de droit commun ; et cette compétence est d'ordre public. Toute juridiction saisie doit statuer sur cette question de compétence et les parties ne peuvent y déroger. En effet, la loi n°2006/022 du 29 décembre 2006 fixant l'organisation et le fonctionnement des tribunaux administratifs dispose en son article 2 alinéa 2 :

« Les tribunaux administratifs connaissent en premier ressort, du contentieux des élections régionales et municipales et en dernier ressort, de l'ensemble du contentieux administratif concernant l'Etat, les collectivités publiques territoriales décentralisées et les établissements publics administratifs… ».

Le domaine de compétence est limité à sa région. En effet, son siège est fixé au chef-lieu de ladite région (Article 5 al.1 de la loi).

Cependant, comme prend soin de préciser le même article en son alinéa 2 : « Toutefois, suivant les nécessités de service le ressort d'un tribunal administratif peut être, par décret du Président de la République étendu à plusieurs régions ».

SECTION II : LA COMPETENCE DE LA CHAMBRE ADMINISTRATIVE, JUGE D'ATTRIBUTION

Aux termes de l'article 38 de la loi n°2006/016 du 29 décembre 2006 fixant l'organisation et le fonctionnement de la cour suprême, la chambre administrative est compétente pour connaître :

a- Des appels formés contre les décisions rendues en matière de contentieux des élections régionales et municipales ;

b- des pourvois formés contre les décisions rendues en dernier ressort par les juridictions inférieures en matière de contentieux administratif ;

c- Des exceptions préjudicielles soulevées en matière de voie de fait et d'emprise devant les juridictions inférieures en matière de contentieux administratif ;

d- De toute autre matière qui lui est expressément attribuée par la loi.

Les articles 72 à 88 et 89 à 103 du même texte prennent soin de définir les règles procédurales à suivre selon que la chambre administrative statue comme juridiction d'appel ou de cassation.

CHAPITRE II
LE MECANISME DE REGLEMENT DES CONFLITS DE COMPETENCE A L'INTERIEUR DE LA JURIDICTION ADMINISTRATIVE

La loi n°75/17 du 8 décembre 1975 fixant la procédure devant la Cour Suprême statuant en matière administrative rendait impossible tout conflit de compétence entre juridiction administrative en ce sens qu'il y avait unicité de compétence territoriale de la Cour Suprême statuant en matière de litige d'ordre administratif. En effet, il n'existait qu'une seule et unique Chambre administrative siégeant à Yaoundé et compétente pour statuer en premier ressort pour l'ensemble du territoire.

Dans le même ordre d'idées, il n'existait qu'une seule instance de recours en appel, à savoir l'Assemblée Plénière de la Cour Suprême. Tous les litiges relatifs au contentieux administratif, qu'il s'agisse du contentieux de l'Etat, des collectivités territoriales et des établissements publics relevaient de la compétence d'une seule et même juridiction à savoir, la cour Suprême statuant en matière de contentieux administratif et l'articulation de la Cour à savoir sa division en chambre administrative statuant en premier ressort et en Assemblée plénière statuant en appel s'imposait aux justiciables. Ces derniers étaient dans l'obligation de s'y conformer sous peine d'irrecevabilité d'un quelconque recours contentieux de leur part. En clair, cette structuration en double degré de juridiction était d'ordre public, et celle-ci pouvait être soulevée d'office par la juridiction saisie.

A.P n°9/C.F.J. TOMAZE Joseph c/Etat Fédéré Oriental :

« Considérant qu'il résulte de la loi susvisée que les chambres administratives connaissent du contentieux administratif en première instance et que l'Assemblée plénière connaît de l'appel des décisions rendues par les chambres administratives. Que s'agissant d'un recours, le présent ne peut être porté directement devant l'assemblée plénière de la Cour Fédérale de justice.

Le recours est transmis pour compétence à la chambre administrative de Yaoundé »

La loi n°2006/022 du 29 décembre 2006 fixant l'organisation et le fonctionnement des tribunaux administratifs a bouleversé la donne. Désormais, un conflit de compétence à l'intérieur de la juridiction administrative est possible. En effet, aux termes de l'article 5 (al.1) de ce texte « il est créé un tribunal administratif par région. Son siège est fixé au chef-lieu de ladite région. ». Mais l'alinéa 2 du même article prend soin de préciser ce qui suit. « Toutefois, suivant les nécessités de service, le ressort d'un Tribunal Administratif peut être par décret du Président de la République, étendu à plusieurs régions ».

Les tribunaux administratifs étant les juridictions de première instance du contentieux des élections régionales et municipales et en dernier ressort[18] de l'ensemble du contentieux administratif concernant l'Etat, les collectivités publiques territoriales décentralisées et les établissements publics administratifs à charge d'appel devant la chambre administrative, la survenance de conflits de compétence au sein desdites juridictions apparaît possible et ce d'autant plus que l'article 14 alinéa1 du même texte ne contribue nullement à clarifier les choses. En effet cet alinéa dispose ce qui suit :

« Les tribunaux administratifs en premier ressort sont sauf dispositions contraires à la loi, juges de droit commun du contentieux administratif en premier ressort. »

---

[18] *Il y a nécessité de clarification des dispositions des articles 2 al.2 et 14 al.1*

DEUXIEME PARTIE
L'ACTION DE LA JURIDICTION ADMINISTRATIVE

TITRE I
LA PROCEDURE CONTENTIEUSE ADMINISTRATIVE

La procédure devant la Cour Suprême statuant en matière administrative est régie par la loi n°2006/019 du 29 décembre 2006. Ce texte institue une procédure qui, à quelques exceptions près, est la même selon que l'affaire est introduite devant les tribunaux Administratifs ou qu'elle fait l'objet d'appel ou de cassation devant la chambre administrative. C'est une procédure que l'on peut qualifier d'originale dans la mesure où les règles qui gouvernent le plein contentieux sont à peu de choses près les mêmes que celles qui régissent le contentieux de l'excès de pouvoir.

Le juge Camerounais dans un *arrêt n°31/CFJ/SCAY du 15 Novembre 1966 EKINDI JOEL a défini la procédure contentieuse administrative en ces termes :*

« Mais qu'est-ce qu'une procédure contentieuse administrative ? C'est dirons-nous, les modalités par lesquelles les juges peuvent être saisis, les modalités selon lesquelles les décisions juridictionnelles doivent intervenir ».

A- Les caractères de la procédure contentieuse administrative

La procédure contentieuse administrative telle qu'elle est appliquée au Cameroun a hérité du legs colonial trois caractères, à savoir : les caractères inquisitoire, écrit et non suspensif du recours.

- Elle est inquisitoire parce qu'elle est dirigée par un juge qui porte le nom de juge rapporteur. Celui-ci est désigné par le président de la juridiction parmi les membres de celle-ci. Il est chargé sous l'autorité du président, de l'instruction de l'affaire et son rôle est extrêmement important. A ce titre :

- Elle est simple dans ses formes, en ce sens que le Ministère d'Avocat n'est pas obligatoire, notamment au niveau des tribunaux administratifs ainsi qu'au niveau de la Chambre administrative de la Cour Suprême statuant comme juridiction d'appel puisque les parties au procès, surtout les personnes privées peuvent assurer leur défense soit par elles mêmes, soit par un mandataire de leur choix. (*Jugement n°47/CS/CA du 27.5.1982. NLEND NLEND EBEBE Jean).*

- Elle est écrite ; en effet les moyens invoqués par les diverses parties doivent être reproduits dans les différents mémoires. Cet échange de mémoires se fait par écrit, les débats oraux à l'audience ne revêtant qu'un caractère secondaire. *(Jugement n°37/CS/CA du 6. Mai. 1982 ONGUENE OBAMA Jean).*

- Elle a un caractère non suspensif. En effet, cette procédure est marquée par la présence d'une personne morale de droit public et cette présence emporte deux conséquences : Comme c'est cette personne publique qui est toujours à l'origine des décisions litigieuses ou des actions dommageables, elle occupe toujours la position de défendeur, et les recours contre ses actes ne revêtent pas un caractère suspensif, sauf rares cas de sursis à exécution. *(Jugement n° 84/CS/CA du 30.6. 1983 : ATANGANA MBARGA Adalbert).*

B- Les sources de la procédure contentieuse administrative

Celles-ci sont de deux sortes : il s'agit d'une part de règles écrites qui sont d'origine législative et réglementaire et d'autre part,les règles générales de procédure qui sont une création du juge lui-même. En effet, en l'absence des textes particuliers, les règles générales de procédure ont été dégagées par les juges eux-mêmes et essentiellement par le Conseil d'Etat français à partir de textes ou en vertu de notions générales qui s'attachent à toute institution, et ces règles sont assimilables à de véritables principes généraux de droit et comme tel elles s'imposent aux autorités réglementaires.

Pour ce qui est des sources d'origine législative et réglementaire, il convient de citer les textes suivants :

L'Ordonnance n°61-OF-6 du 4 octobre 1961 fixant la composition, les conditions de saisine et la procédure de la Cour Fédérale de justice et ses divers modificatifs.

La loi n°65-LF-29 du 19 novembre 1965 portant reforme du contentieux administratif.

L'Ordonnance n°72-06 du 26 août 1972 fixant l'Organisation de la Cour suprême modifiée par la loi n°76-28 du 14 décembre 1976.

La loi n°75-17 du 8 décembre 1975 fixant la procédure à suivre devant la Cour Suprême statuant en matière administrative.

La loi n°2006-016 du 29 décembre 2006 fixant l'Organisation et le Fonctionnement de la Cour Suprême.

La loi n°2006-022 du 29 décembre 2006 fixant l'Organisation et le Fonctionnement des Tribunaux Administratifs.

L'arrêté promulguant au Cameroun le décret du 13 avril 1927 réorganisant le Conseil d'Administration et le Conseil du Contentieux Administratif dans les territoires du Cameroun sous mandat Français.

L'arrêté n°1784 du 9 juin 1959 relatif au fonctionnement du Tribunal d'Etat, etc.

Pour ce qui est des règles générales de procédure d'origine jurisprudentielle, on peut citer :

- Le respect des droits de la défense.

- le caractère contradictoire de la procédure.

- La composition collégiale de la juridiction.

- Le droit de récusation des magistrats, etc.

SOUS TITRE I
LA PROCEDURE CONTENTIEUSE NORMALE

CHAPITRE I
L'INTRODUCTION DU RECOURS

Tout recours juridictionnel devant le Tribunal administratif est subordonné à une saisine préalable et obligatoire de l'Administration. C'est la règle du recours gracieux préalable. Elle doit être satisfaite avant toute saisine du juge.

SECTION I : LE RECOURS GRACIEUX PREALABLE

Institué par l'ordonnance n°61/OF/6 du 4 octobre 1961, la règle du recours gracieux préalable sert de trait d'union entre la procédure administrative non contentieuse et la procédure contentieuse administrative.

Il s'agit ici de la survivance du système du Ministre-juge tel qu'il a prévalu en France. Cette règle signifie que tout recourant n'est admis à saisir le juge administratif d'un quelconque litige contre l'administration que lorsque cette dernière a au préalable pris une décision sur l'objet dudit litige. Invité de cette manière à prendre en considération une telle demande, l'administration peut dans une certaine mesure parvenir à un accord amiable avec l'administré. C'est la raison pour laquelle certains auteurs font valoir que la règle du recours gracieux préalable qualifiée ailleurs de décision préalable prend valeur de « préliminaire de conciliation ».[19]

Effectivement issue de la règle de la « décision préalable » la règle du recours gracieux préalable est supposée comporter trois avantages :

- Elle vise à protéger l'Administration qui ne peut être traduite en justice avant d'avoir pris elle-même position sur la question litigieuse ;

---

[19] . Auby J M et Drago R. Traité de contentieux administratif, n°os 1283 et s. Chapus R. Droit du contentieux administratif. Ed.MONTCHRESTIEN, 1982 n°256 et s.

- Elle tend à protéger les justiciables en les empêchant de former des pourvois inutiles fondés sur de simples impressions avant d'être certains de l'existence du litige ;

- Elle tend à faciliter la tâche du juge, puisque l'obligation où le requérant se trouve d'attaquer une décision limite le champ des débats et, précise l'étendue du litige à trancher (R. Odent. Cité par H. Jacquot, in R.C.D. n°8, P.113).

A- Champ d'application de la règle

La règle du recours gracieux préalable est d'application générale en ce sens qu'obligation est faite à tout requérant de saisir l'Administration préalablement à tout recours contentieux et cela aussi bien pour le contentieux de l'excès de pouvoir que pour celui des droits.

Le recours gracieux préalable vise non seulement à provoquer une décision de l'administration, puisque celle-ci existe déjà dans le contentieux de la légalité, mais impose surtout une saisine obligatoire de l'administration ; telle est sa finalité :

Arrêt n°47/CFJ/SCAY 30.04.1968 : MBASSI MEDJO Nicolas c/ Etat du Cameroun.

« Considérant que le recours gracieux a pour but non pas d'informer l'administration de l'existence d'une revendication, mais de lui permettre éventuellement de prendre ou de réformer telle décision. »

Ce recours revêt un caractère d'ordre public. En effet, comme le précise la jurisprudence, tout litige ne peut être examiné au fond si cette règle du recours gracieux préalable n'a pas été observée.

Jugement n°30/CS/CA du 13.7.1978 : AKA'A JULES c/Etat du Cameroun.

« Considérant qu'avant d'examiner les moyens produits par toutes les parties, il importe d'abord de voir si le recours du sieur ... est recevable.

Considérant ...qu'il résulte de l'article 12 de l'ordonnance du 26.8.1972 que le recours gracieux organisé et prévu par une disposition législative spéciale, revêt un caractère obligatoire. Qu'il importe de rappeler que ces dispositions sont d'ordre public. Qu'en conséquence leur violation peut être soulevée d'office par le juge ».

Cependant, il existe des tempéraments à ce principe. En effet, la règle du recours gracieux préalable peut être écartée par certains textes. Il en ainsi des lois relatives au contrôle des ordonnateurs, gestionnaires, gérants des crédits publics et des entreprises d'Etat, de celles régissant l'élection des conseils municipaux, ainsi que les élections aux chambres consulaires, la liberté d'expression (censure des journaux), la liberté d'association (refus de légaliser des partis politiques).[20]

B- Modalités d'application de la règle

Celles-ci sont relatives aux autorités habilitées à recevoir le recours gracieux préalable ainsi qu'aux conditions de délais.

1- Les autorités adressataires du recours gracieux préalable.

Aux termes de l'article 17 alinéa 1 de la loi n°2006/022 du 29 décembre 2006 fixant l'organisation et le fonctionnement des tribunaux administratifs, « Le recours devant le tribunal administratif n'est recevable qu'après rejet d'un recours gracieux adressé à l'autorité auteur de l'acte attaqué ou à celle statutairement habilitée à représenter la collectivité publique ou l'établissement public en cause ». Il s'agit ici d'une évolution notable ; Le législateur à travers ce texte, a entendu tenir compte des réalités non seulement socio-économiques, mais également juridico-culturelles du Cameroun. En effet, la législation antérieure à savoir l'Ordonnance n°72/06 du 26 Août 1972 fixant l'organisation de la Cour Suprême était source de lourdeur et des complications pour les justiciables puisque reprenant pour l'essentiel les dispositions des textes antérieurs elle s'est caractérisée par une extrême centralisation.

[20] *Jugement n° 41/CS/CA du 25.5.1989 ; TCHATCHOUA Jean Pierre c/ Etat du Cameroun. (MINAGRI ; élections à la Chambre d'agriculture). OR n°13/OR/PCA du 25 Avril 1991. Journal le messager. Orse n°02/PCA/CS du 9 décembre 1992. UPC MANIDEM. Orse n°28/PCA/CS du 29.12.1992. UNC représenté par STANLEY AKWOTE AKONDI.*

20. Jugement n° 41/CS/CA du 25.5.1989 ; TCHATCHOUA Jean Pierre c/ Etat du Cameroun. (MINAGRI ; élections à la Chambre d'agriculture). OR n°13/OR/PCA du 25 Avril 1991. Journal le messager. Orse n°02/PCA/CS du 9 décembre 1992. UPC MANIDEM. Orse n°28/PCA/CS du 29.12.1992. UNC représenté par STANLEY AKWOTE AKONDI.

Pour palier à cette difficulté, le décret n°73/51 du 10 février 1973 relatif à la représentation de l'Etat en justice a attribué compétence au chef de chaque département ministériel pour connaître des recours gracieux intéressant ses services.

Jugement n°36/CS/CA du 06 mai 1982 : OYIE TSOGO Joseph c/Etat du Cameroun.

« Attendu...qu'au regard des dispositions législatives visées ci-dessus (article 12 de l'Ordonnance du 26 août 1972), bien que le bulletin de notes émane du gouverneur, celui-ci n'a pas qualité pour représenter l'Etat devant la chambre administrative ; bien que l'article 3 para.2 du décret du 9 novembre 1978 fixant les attributions des chefs de circonscriptions administratives, prévoit que le gouverneur représente l'Etat en justice.

Qu'en effet, une chose est de représenter l'Etat en justice, autre chose est d'avoir compétence pour recevoir le recours gracieux préalable.

Que c'est donc de l'Administration Territoriale qu'il aurait dû saisir de son recours gracieux. ».

Cependant, en vertu du principe de l'unicité administrative, un recours gracieux adressé par erreur à une autorité administrative incompétente parce qu'inhabile à le recevoir et par la suite transmis par cette dernière à l'autorité réellement compétente suffit à lier le contentieux.

Jugement n°62/ CS/CA du 22 avril 1976 ; B.I.C.I.C c/Etat du Cameroun

« Considérant que si un recours gracieux adressé à une autorité incompétente est irrecevable parce que formé en violation des dispositions de l'article 12 du 26 Août 1972 qui dispose :(Le recours devant la cours suprême n'est recevable qu'après rejet d'un recours

gracieux adressé au Ministre compétent), cette règle devient inapplicable dans le cas où le Ministre incompétent a transmit la requête au Ministre réellement compétent ; qu'en effet, le Ministre réellement compétent à l'obligation de répondre et ne peut se dérober sous prétexte que la requête ne lui a pas été directement adressée ;

Que la requête transmise par l'autorité incompétente à l'autorité administrative réellement compétente lie le contentieux à l'égard de l'Administration ».

De nombreux auteurs se sont interrogés sur l'objet réel du recours gracieux préalable. Considérée à la fois comme un instrument de protection de l'Administration qui ne peut être traduite en justice avant d'avoir pris position sur la question litigieuse tout autant qu'une tentative de conciliation destinée à faire l'économie d'un procès au justiciable, il s'est avéré à travers une étude approfondie de la jurisprudence administrative qu'en réalité le recours gracieux préalable constituait une réelle astuce de l'administration qui avait pour but avoué d'éloigner les justiciables du prétoire.[21] *21*

L'article 17 alinéa 1 de la loi n°2006/022 du 29 décembre 2006 fixant l'Organisation et le Fonctionnement des Tribunaux Administratifs qui dispose ; « le recours devant le tribunal administratif n'est recevable qu'après rejet d'un recours gracieux adressé à l'autorité ***auteur*** de l'acte attaqué » semble apporter une réponse à cette lancinante question, à savoir qui doit être compétemment saisi pour examiner un recours gracieux préalable.

---

[21] *R.G. NLEP, observations sous le jugement n°1//CS/CA du 29.11.1979. ESSIMI FABIEN c/Etat du Cameroun in recueil Penant n°779, Janvier 1983, p. 69 et s.*

M. KAMTO. Droit administratif processuel du Cameroun. P.U.C. 1990 P.142 et s.

JOSEPH OWONA. Droit administratif spécial de la République du Cameroun. EDICEF. 1985 p.208.. A.M AMBOMO ONANA : Le recours gracieux préalable au Cameroun est-il efficace ? Mémoire de licence en droit, Mai 1971, Faculté de Droit et Sciences économiques de l'Université de Yaoundé

A.S. MESCHERIAKOFF ; Le régime Juridique de recours gracieux préalable dans la jurisprudence administrative Camerounaise in R.C.D. n°15 et 16, 1978 p.42-55.

Une jurisprudence récente, à savoir *l'arrêt n°01/P/2009/CA/CS du 09 septembre 2009* de la Chambre Administrative de la Cour Suprême siégeant en sections réunies (*affaire BABA AHMADOU c/Etat du Cameroun : DGSN*) a spécifié la notion ***auteur de l'acte.***

« Attendu en l'espèce qu'il ressort des mentions du Message-Radio-Porté reprises dans l'ordonnance querellée qu'il a été signé par le Directeur de la Police Judiciaire agissant comme Officier de Police Judiciaire et non comme représentant du Délégué Général à la Sûreté Nationale...

PAR CES MOTIFS

---- Statuant publiquement, contradictoirement, en matière administrative, en sections réunies et à l'unanimité des membres ;

DECIDE

Article 1er : Le pourvoi de BABA AHMADOU est recevable ;

Article 2 : Est cassée et annulée sans renvoi l'ordonnance n°14/OSE/CCA/CS du 30 avril 2009 rendue par le conseiller à la Chambre Administrative de la Cour Suprême chargé de statuer sur les actions en référé et les demandes des sursis à exécution ;

Sur l'évocation.

Article 3 : Il est ordonné le sursis à exécution du message-Radio-Porté n°000054/DGSN/DPJ/S du 9 avril 2008 du Directeur de la Police Judiciaire prescrivant l'interdiction de la sortie du susnommé du territoire ».

2- Les délais de recours

La loi du 29 décembre 2006 fixant l'organisation et le fonctionnement des tribunaux administratifs opère une distinction suivant qu'il s'agit de l'exercice du recours gracieux préalable ou de la saisine de la juridiction administrative.

a- Les délais du recours gracieux préalable

Les délais pour l'exercice du recours gracieux varient selon la nature de la demande.

- Ils sont de trois mois suivant la publication ou la notification de la décision attaquée lorsque le recours vise l'annulation de celle-ci.

- Ils sont portés à six mois suivant la réalisation du dommage ou sa connaissance lorsqu'il est question d'une demande d'indemnisation.

- Enfin, ils sont de quatre ans à partir de la date à laquelle l'autorité était défaillante lorsqu'il est question de l'absence de cette autorité qui avait compétence liée.

Il n'y a aucune possibilité de prorogation de ces délais lorsque le requérant a saisi une autorité administrative incompétente.[22] *22*

b- Les délais du recours contentieux

L'article18 du même texte dispose :

1. Sous peine de forclusion, les recours contre les décisions administratives doivent être introduits dans un délai de 60 jours à compter de la décision de rejet du recours gracieux visé à l'article 17 ci-dessus.

2. Ce délai court à compter du lendemain du jour de la notification à personne ou à domicile élu.

L'Article 19 quant à lui prévoit ce qui suit :

1. les délais ci-dessus sont prorogés si le requérant a, dans l'intervalle :

a- déposé une demande d'assistance judiciaire ;

b- Saisi une juridiction incompétente.

2. Dans ce cas, le recours contentieux est valablement introduit dans les soixante (60) jours qui suivent la notification de la décision statuant sur la demande d'assistance judiciaire ou sur la compétence.

SECTION II : LA SAISINE DU JUGE

Le législateur camerounais exige que deux séries de conditions soient remplies avant que le juge administratif ne puisse examiner un recours contentieux. La première catégorie de conditions est relative à

---

[22] voir pour l'ensemble de la question : Arrêt n°137/CFJ/CAY du 26 Janvier 1971 : ALAÏ BELOBO NESTOR. Jugement n°8/CS/CA du 25.11.1976 : LIBAM KOUANG Melchiade c/ Etat du Cameroun. Jugement n° 34/CS/CA du 31.3.1977 : KALLA EPANYA Jacques ; Jugement n°136/CS/CA du 26.9.1991. NJOYA AROUNA.

la personne du requérant, alors que la seconde traite des formes de la requête.

PARAGRAPHE I : CAPACITE, INTERET ET QUALITE POUR AGIR

Le requérant ne peut saisir le juge administratif que s'il remplit trois conditions : il doit avoir la capacité, justifier d'un intérêt pour agir et posséder une certaine qualité.

Ces trois conditions imposées par le juge pour examiner tout recours sont cependant appréciées de façon différente selon qu'il s'agit du plein contentieux ou de celui de l'excès de pouvoir…Le juge administratif Camerounais à l'instar de son homologue français, se montre beaucoup plus libéral dans le contentieux de l'excès de pouvoir que dans celui des droits. Les raisons de cette attitude sont les suivantes :

Dans le plein contentieux, le juge se prononce sur la violation d'un droit subjectif et l'action pour intenter un tel recours n'appartient qu'au titulaire du droit méconnu. Il n'en est pas de même pour le contentieux de l'excès de pouvoir. La question qui surgit ici est celle de la compatibilité à un acte avec le bloc de la légalité que l'administration se doit de respecter. En effet, chaque administré a intérêt à ce que l'administration agisse conformément au droit. C'est pourquoi lorsqu'il intente un recours pour excès de pouvoir contre un acte qui lèse ses intérêts personnels, il agit en même temps et par la même occasion pour le bien de tous.

C'est précisément l'argument qu'avait avancé un recourant en l'occurrence *M.MBOUENDEU Jean de Dieu dans le jugement n° 8/CS/CA du 29.11.79.* Elites BANKA c/ Etat du Cameroun, lorsqu'il parlait de la défense de la légalité républicaine et de la poursuite d'un but d'intérêt général.

Mais si le recours pour excès de pouvoir entend poursuivre ce but, encore faut-il qu'il ne soit mis en exergue que par les administrés qui justifient d'un véritable intérêt à l'annulation de l'acte ; et le juge administratif l'a bien compris en affirmant que le recours pour excès de pouvoir n'est pas une action populaire ouverte à n'importe qui (Jugement n°20/CS/CA du 2 Avril 1978 : MINYEM Flaubert c/Etat du Cameroun). Cette conception de la notion de qualité a été critiquée et cela à juste titre par certains auteurs. En effet, il faut reconnaître qu'en la matière le juge administratif camerounais adopte et cela contrairement à son homologue français une conception fort restrictive de la notion de qualité.[23]

a- La capacité

Au Même titre que le juge judiciaire, le juge administratif camerounais exige que le requérant puisse posséder la capacité requise. *(Arrêt n°662/CCA du 25/10/1957 : KAMDEM NINYIM Pierre c/ Etat du Cameroun).*

Cependant, dans un souci légitime de libéralisme afin de faciliter l'instruction du recours pour excès de pouvoir, le juge administratif a apporté des assouplissements à cette condition, puisqu'il admet qu'une association non déclarée, donc sans capacité juridique, ou des associations dissoutes, sont recevables à former des recours pour excès de pouvoir. *Arrêt n° 178/CFJ/CAY du 29.3.1972 : EITEL MOUELLE KOULA c/ Etat du Cameroun.*[24]

b- L'intérêt

Tout requérant n'est recevable à intenter un recours contentieux que s'il justifie d'un intérêt, d'une certaine position à l'égard de l'acte attaqué en ce que sa situation devrait se trouver améliorée si la décision litigieuse disparaît. *(Jugement n°51/CS/Ca du 29.3.1979 : BABA YOUSSOUFA c/ Etat du Cameroun).*

Cet intérêt peut être personnel ou collectif. L'intérêt collectif concerne les actions exercées par des groupements tels quc les associations, les syndicats. *(Arrêt n°261/TE du 12 avril 1963, Syndicat national des Administrateurs civils c/ Etat du Cameroun).* L'intérêt

---

[23] *C.E ; 12.07.1956. M' PAY, NGOM et MOUMIE. Rec.p331.Penant, 1957, p.322 note Lampué, R.J.P.U.F.1956 ; P 814,concl.Heumann.C.E; 30.11.1956 BAKARY DJIBO. Rec.P.723.*

Sur la question voir R.G. NLEP. Observations sous le jugement du 1.février. 1985. SENDE Joseph c/ Etat du Cameroun. Rec. Penant n°792.1986 p497 et ss. M.KAMTO. Droit Administratif Processuel du Cameroun. PUC.1990. P. 153 et ss.

[24] Cette position du juge s'explique par le fait qu'il était question dans cette affaire d'une congrégation religieuse alors que dans l'espèce UPC (Dr SENDE Joseph) il s'agissait d'une affaire à caractère éminemment politique.

peut être matériel ou moral. Il sera d'ordre matériel parce que la décision attaquée porte atteinte au patrimoine du requérant. *Jugement n°30/CS/CA du 31 Mars 1977. MBOKA TONGA MPONDO Guillaume c/ Etat du Cameroun.*

Il sera moral en cas d'atteinte portée à la réputation d'une personne. *Arrêt du 31 mars 1977 : BIAKOLO MAX c/ Etat du Cameroun. Jugement n° 36/CS/CA du 26 Mai 1977 : TEGUIA Gabriel c/ Etat du Cameroun.*

L'intérêt peut encore être privé ou public.

C - La qualité

Elle est souvent présentée comme la réunion chez un requérant de l'intérêt et de la capacité. Certaines décisions de justice au contraire mélangent les deux notions en décidant que le requérant a intérêt et donc qualité. *Arrêt n° 115/ CCA du 6.8. 1952 : UM NYOBE RUBEN C/ Abbé MELONE.*

Voir également, *Arrêt n°123 du 19.9.1952 : BELL et BEBEY EYIDI c/ SOPPO PRISO Paul.*

En fait, les deux notions ne doivent pas être confondues. Un requérant peut avoir intérêt à l'annulation d'un acte (*arrêt n°188/CFJ/CAY du 28 mars 1972 : WAMBO Télesphore c/ Etat du Cameroun Oriental)* sans pour autant posséder la qualité : *Jugement n°20/CS/CA du 27 avril 1978 : MINYEM Jean Flaubert c/ Etat du Cameroun.*

Comme le dit le professeur Henri JACQUOT, « l'intérêt est l'avantage pécuniaire ou moral qu'espère obtenir un requérant alors que la qualité est l'aptitude dudit requérant à exercer le recours ».[25] *25*

Une fois ces conditions remplies, le requérant peut alors être déclaré recevable dans sa demande.

PARAGRAPHE II : CONDITIONS DE FORME

Les formes dans lesquelles doivent être introduits les recours sont régies par les articles 32 à 37 de la loi n°2006/022 du 29 décembre 2006 fixant la procédure devant les tribunaux administratifs.

---

[25] *Henri JACQUOT. Contentieux administratif au Cameroun. RCD n°8 décembre 1975.*

Tout recours devant ces juridictions donne lieu à la consignation d'une provision de 20000 Fcfa. Il doit obligatoirement mentionner les nom, prénom, profession, domicile du demandeur, l'autorité administrative mise en cause, l'objet de la demande, les moyens invoqués à l'appui de ladite demande, ainsi que les pièces destinées à soutenir cette requête.

En plus de la consignation susvisée, une consignation supplémentaire peut être exigée par le Président du tribunal en cas de difficultés survenues (hypothèses des expertises). En cas de retard ou de refus du versement de ladite somme, la requête est déclarée irrecevable. *(Jugement n°74 du 27.9.1979 : TALE NTEM c /Etat du Cameroun).*

Elle est rédigée sur papier timbré et doit être accompagnée de la décision attaquée, sauf en matière de responsabilité des travaux publics. Il s'agit ici de conditions de recevabilité de toute requête et leur inobservation est sanctionnée par l'irrecevabilité. *(Jugement n° 37/CS/CA du 6.5.1982 : ONGUENE OBAMA Jean c/ Etat du Cameroun.)*

Les personnes morales de droit public sont dispensées de toute consignation. Les copies de cette requête sur papier libre et destinées aux parties mises en cause sont jointes à cette requête, le tout déposé en quadruple exemplaire. Dès lors peut démarrer l'instruction du pourvoi.

En dehors du ministère d'avocat qui est obligatoire devant la chambre administrative statuant en cassation et du montant de la consignation qui est ramenée à 15000 FCFA, les conditions de forme sont presque les mêmes selon que l'affaire est introduite et instruite devant la chambre administrative statuant aussi bien comme juridiction d'appel que de cassation.

CHAPITRE II
L'INSTRUCTION DU RECOURS

L'instruction dans le cadre du contentieux administratif n'est ni simpliste, ni secrète. L'absence de formalisme résulte de sa simplicité et de son caractère peu contraignant, sauf au niveau du délai d'introduction du recours contentieux. Cette procédure est publique. En effet, le rapport du juge rapporteur, les observations des avocats ainsi que celles des parties de même que les conclusions du parquet général sont publiquement lus.

Le président de la juridiction joue un rôle directeur dans l'instruction du pourvoi. Ce rôle se manifeste notamment au niveau de la signification du recours, des rapports d'instruction du juge rapporteur, et de la direction des audiences.

Le juge rapporteur qui travaille sous l'autorité du Président de la juridiction joue un rôle extrêmement important dans l'instruction des affaires. Celui-ci se manifeste à plusieurs titres :

- Il a la faculté de faire avertir par les soins du greffier en chef le demandeur de régulariser son recours conformément aux prescriptions réglementaires en vigueur.

- Il peut réclamer au demandeur la communication de tous documents dont la production lui paraît utile à la manifestation de la vérité.

- Il peut, sur demandes justifiées, accorder aux parties des délais supplémentaires pour le dépôt des différents mémoires, à savoir les mémoires en défense, en réplique, en réponse aux mémoires en réplique, etc.

- Enfin le juge rapporteur peut mettre les parties en demeure de fournir dans un délai bien précis, en principe quinze jours, toutes explications écrites ou tous documents nécessaires à la solution du litige. Après une étude sérieuse du dossier, le rapporteur rétablit celui-ci au greffier en chef avec son rapport. Ce dernier le transmet au procureur général, lequel dans un délai de 30 jours rétablit ledit dossier au greffe avec ses conclusions et propositions pour l'inscription de l'affaire au rôle.

Le rôle de chaque section est arrêté par le Président de la juridiction après avis du procureur général avant la tenue de ladite section. Les parties reçoivent par les soins du greffier 15 jours au moins avant la date une convocation fixant la date et l'heure de l'audience à laquelle l'affaire sera appelée.

En principe, les audiences sont publiques. Toutefois, le président de la juridiction peut ordonner un huis clos par une décision préalable dans l'hypothèse de publicité de débats revêtant un caractère dangereux pour l'ordre public, les bonnes mœurs, ou la sûreté de l'Etat. Après le rapport qui est fait sur chaque affaire, les parties peuvent présenter, soit en personne, soit par le soin de leurs mandataires, des observations orales à l'appui de leurs conclusions écrites. Les débats oraux à l'audience n'ont qu'un caractère secondaire.

Jugement n°37/CS/CA du 6 Mai 1982 ONGUENE OBAMA Jean c/Etat du Cameroun

« Attendu que le défaut de la motivation ne saurait être couvert par la présentation d'observations orales à l'audience, alors et surtout que celles-ci n'ont qu'un caractère accessoire. »

Le procureur général donne lecture de ses conclusions sur tous les points soumis à la décision de la juridiction. Les demandes nouvelles présentées à l'audience sont irrecevables parce qu'elles constitueraient une violation du recours gracieux préalable. Les jugements sont rendus en audience publique. Ils sont pris après délibéré à la majorité des voies des juges présents. Ce délibéré est acquis nonobstant des changements intervenus dans la composition de la chambre administrative lors de la lecture de la décision à l'audience. A peu de chose près, c'est la même procédure qui est suivie au niveau de la chambre administrative de la Cour Suprême. Mais il faut noter que trois règles particulières jouent ici : Il s'agit d'une part de la règle d'un jugement préalable, de l'irrecevabilité des demandes nouvelles, enfin de l'effet suspensif de l'appel.

- La règle d'un jugement préalable découle du fait que la Chambre Administrative est une juridiction d'appel et de cassation. Elle a été instituée pour respecter le principe du double degré de juridiction. De ce fait elle ne peut statuer en premier ressort.

- Toute demande nouvelle émanant de l'une ou l'autre partie est irrecevable devant la Chambre Administrative.

CFJ/AP 30 Novembre 1972 les boulangeries réunies c/Etat du Cameroun Oriental

Cette règle de l'irrecevabilité limite l'effet dévolutif de l'appel. Par contre la Chambre administrative appréhendée comme juridiction d'appel et de cassation a le droit d'évoquer, c'est-à-dire d'attirer à elle l'ensemble du litige pour le rejuger ou lui donner de nouvelles solutions. A ce titre, elle peut infirmer ou confirmer la solution adoptée au niveau des tribunaux administratifs.

SECTION I : LA REPRESENTATION DES PARTIES

Il s'agit essentiellement du Ministère d'avocat et de l'assistance judiciaire

A- Le ministère d'avocat

Le ministère d'avocat n'est pas obligatoire devant les tribunaux administratifs et la chambre administrative statuant en appel. En effet, il est clairement spécifié que la partie qui ne comparait pas en personne devant ces juridictions peut se faire représenter par un mandataire ou un avocat. Le mandataire doit justifier de son mandat par la production d'un acte authentique ou d'un acte sous-seing privé légalisé par une autorité compétente. Par contre, ce ministère d'avocat est obligatoire devant la chambre administrative statuant en cassation.

En fait, le ministère d'avocat ne pose de problème que pour les personnes privées puisque les personnes morales de droit public sont de plein droit représentées devant les juridictions administratives par les autorités compétentes auteurs des actes litigieux ou par celles statutairement habilitées à recevoir le recours gracieux préalable, lesquelles peuvent y déléguer un avocat, un de leur fonctionnaire ou agent de leur choix.

B- L'assistance judiciaire

La loi n°2009/004 du 14 Avril 2009 portant organisation de l'assistance judiciaire a assoupli les conditions d'obtention de l'assistance judiciaire et par ce fait a entendu tenir compte des réalités socio-économiques de la société Camerounaise. En effet, ce texte :

- fixe les conditions d'obtention de l'assistance judiciaire ;

- désigne les organes compétents pour connaître les demandes d'assistance judiciaire ;

- fixe les modalités d'introduction et la procédure d'instruction des demandes d'assistance judiciaire ;

- détermine les effets de l'assistance judiciaire ;

- énonce les conditions de retrait de l'assistance judiciaire.

Contrairement à la situation antérieure telle que régie par le décret n°64/DF/278 du 19 Juillet 1964, la loi du 14 avril 2009 libéralise les conditions d'obtention de l'assistance judiciaire (art.5et 6), ainsi que les procédures d'obtention de l'assistance judiciaire.

SECTION II: LES MESURES D'INSTRUCTION

La loi n°2006/022du 29 décembre 2006 fixant l'organisation et le fonctionnement des tribunaux administratifs dans son titre III, Chapitre IV, prend soin d'énumérer les mesures d'instruction susceptibles d'éclairer le juge administratif dans sa quête pour la recherche de la vérité ; Il s'agit des enquêtes, des expertises, des descentes sur les lieux de l'audition des parties et enfin, de la vérification des écritures.

A- L'enquête

Elle est régie par les articles 65 à 71 de la loi du 29 décembre 2006. R.PERROT définit l'enquête comme « une procédure au moyen de laquelle sont recueillis des témoignages de personnes étrangères à l'instance et qui sont invitées à relater devant le juge ce qu'elles ont vu ou entendu au sujet des faits litigieux ».[26] L'enquête a pour objectif de pallier l'insuffisance de l'information du juge administratif. Celle-ci est ordonnée soit d'office, soit à la demande des parties (art.54 al.1) par un arrêt Avant-dire-droit (ADD) de la juridiction saisie (Tribunal Administratif ou Chambre Administrative).

Elle vise essentiellement à recueillir, à collecter des témoignages. De ce fait, elle ne peut trancher un point de Droit. Cette fonction

---

[26] R.PERROT. Cours de droit judiciaire privé. Paris, les cours de droit, 1972-1973 P.375.

incombant au juge lui-même et à lui seul. Comme l'affirme un auteur, « l'enquête est une instance annexe. »[27]. L'arrêt ADD indique les faits sur lesquels elle portera et fixe les délais d'audition et de comparution de témoins.

** C.S / C.A. : 31.1.1980/ Elokan Ebongue Hubert.*

** C.S /C .A: 31.1.1980: Njine Ngangley Michel.*

B- L'expertise

Elle est régie par les articles 84 à 93 de la loi du 29 décembre 2006. Elle trouve son fondement dans le fait que d'une façon générale, le juge n'a pas une compétence technique pour apprécier de manière claire et nette la signification des faits eu égard à leur complexité dans toutes les matières. En effet, le juge dispose beaucoup plus d'une compétence juridique que technique, d'où le recours aux experts pour la résolution de certains problèmes. L'objet de l'expertise consiste à informer, donc à éclairer le juge et non à se substituer à lui en tranchant le point de droit soulevé.

L'expertise est une « mesure d'instruction par laquelle le juge charge une ou plusieurs personnes choisies en raison de leur compétence, de procéder à des constatations ou à des vérifications des faits ».[28]

Jugement n°53 : add /cs /ca du 29 juin 1989 ;Bebey André Franc.

Elle revêt un caractère facultatif pour le juge qui peut l'ordonner, soit d'office, soit à la demande des parties. L'objet de l'expertise est déterminé souverainement par le juge. Celui-ci doit également prescrire les délais de prestations de serment et de dépôt de leurs conclusions. Le principe du contradictoire doit être sauvegardé à travers la notification des conclusions aux parties, ensemble la possibilité de récusation reconnue à ces mêmes parties, et la faculté d'ordonner de contre expertises à de nouveaux experts.

[27] *Charles DEBBASCH, contentieux administratif, 3è éd.Dalloz. 1981p.524.*
[28] *Henri Jacquot ; le contentieux administratif au Cameroun in R.C.D. n° 8, p 123.*

C- La descente sur les lieux

Cette mesure d'instruction se retrouve surtout en matière immobilière et des travaux publics. Elle permet au juge par lui-même ou à la juridiction toute entière de se faire une idée exacte des données d'une situation, objet du litige. Ce transport sur les lieux se fait après notification aux parties ainsi qu'au Procureur Général. Au cours de cette descente sur les lieux, le juge ou le tribunal tout entier peut procéder à l'audition de toutes les personnes jugées utiles.

A la fin de cette visite, un procès-verbal qui mentionne toutes les opérations effectuées ainsi que les dépositions des témoins est dressé. Ce Procès-verbal est finalement notifié par le Greffier à chaque partie.

T.E 23.10.1965 ; Kadji Defosso

Jugement n°30 Njine Ngangley Michel.

D- L'audition des parties

L'audition des parties permet à la juridiction saisie d'entendre les plaideurs eux-mêmes. Elle peut être ordonnée soit d'office, soit à la demande de l'une des parties. Lorsque les parties ou l'une d'elles se trouve dans l'impossibilité de comparaître, la juridiction commet un de ses juges accompagnés d'un greffier qui se transporte auprès d'elles. Le principe du contradictoire exige que la partie adverse soit informée ainsi que le Procureur Général.

Dans l'hypothèse où l'impossibilité de comparaître découle de l'éloignement des parties ou de l'une d'elles, une commission rogatoire ordonnée par la juridiction supplée à cette situation. Les déclarations des parties sont consignées dans un procès-verbal et lecture en est rendu compte à chacune d'elles. Celles-ci peuvent à leurs frais se faire délivrer une expédition du procès-verbal de leur audition.

Jugement n°66/add/cs/ca du 31 mai 1979 Kouang Guillaume Charles.

E- La vérification des écritures

Elle est régie par l'article 83 de la loi du 29 décembre 2006 qui dispose : « Si une partie allègue la fausseté d'un acte sous-seing privé, public ou authentique, elle doit en rapporter la preuve conformément au droit commun ». En conséquence, il est fait appel aux règles de droit privé. On recourt à un ou plusieurs experts pour établir l'authenticité de l'acte contesté. *CS/C.A : 30.9.1982 : Socada c/ Etat du Cameroun.*

SECTION III : LES INCIDENTS DE PROCEDURE

Les incidents de procédure sont des évènements ou des difficultés qui, « survenant pendant l'instruction de la demande principale, modifient le déroulement du procès et posent au juge de nouveaux problèmes dont dépend la solution du litige ».[29] Il s'agit :

Des demandes incidentes, des interventions, du désistement et de l'acquiescement, des péremptions et reprises d'instance.

A- Les demandes incidentes

Il s'agit des demandes additionnelles et des demandes reconventionnelles.

1- Les demandes additionnelles.

« La demande additionnelle est une prétention nouvelle du demandeur, par laquelle il modifie ses prétentions antérieures soit en les restreignant, soit en les augmentant »[30] *30.*Une jurisprudence antérieure libérale admettait la possibilité d'examen des demandes additionnelles si celles-ci présentaient une étroite connexité avec la demande principale. *Arrêt n° 603/CCA : 5.7.1957 : Menye Christophe c/ Etat du Cameroun.*

Ce vent de libéralisme a disparu avec la nouvelle réglementation puisque l'article 14 alinéa 7 de l'Ordonnance du 26 août 1972 met un terme à la pratique des demandes additionnelles. *(Jugement CS/CA du 25.07.1991. : ITONDO TOKO Blaise c/DGSN)*

2- Les demandes reconventionnelles.

« La demande reconventionnelle est une demande formée par le défendeur en réponse à celle du demandeur et qui a pour but soit d'atténuer la condamnation qui le menace, soit de l'empêcher

---

[29] R.Perrot cours de droit judiciaire privé, Paris, les cours de droit, 9172/1973 P. 408 ; Jean Vincent, procédure civile, 19e éd. Dalloz, 1978, P.972.

[30] Jean Vincent, Op.cit.P.972.

complètement, soit même de faire prononcer une condamnation contre le demandeur »[31]. Les demandes reconventionnelles sont admises devant les juridictions administratives camerounaises, mais leur utilité est fort limitée, surtout dans le plein contentieux. En effet pour être recevable, la demande reconventionnelle doit être de la compétence du juge administratif. Or c'est rarement le cas, puisque dans ce contentieux, lorsque l'Administration pour se défendre invoque la faute du requérant et demande reconventionnellement la condamnation de ce dernier, il s'agit d'une requête dirigée contre une personne privée et le juge administratif se dit incompétent pour en connaître.

Arrêt n° 14/CFJ/AP. 20 Mars 1968 NGAYEWANG Pierre c/Etat du Cameroun

Jugement CS/CA 31.Mars 1979. BABA YOUSSOUFA c/Etat du Cameroun

B- L'intervention

« L'intervention est l'acte par lequel un tiers intervient dans un litige déjà engagé entre deux ou plusieurs parties ».[32] celle-ci est instituée par les articles 95 à 97 de la loi n°2006/022 du 29 décembre 2006.

L'intervention est ouverte à toute personne qui a intérêt au règlement d'un litige, et celle-ci est recevable en tout état de cause jusqu'au prononcé de la décision du juge. Elle est formée par requête déposée aux greffes de la Cour suprême ou adressée au greffier en chef par voie postale. L'intervenant peut solliciter le bénéfice de l'assistance judiciaire comme le prévoit la loi du 14 Avril 2009 portant assistance judiciaire dans les mêmes conditions que le demandeur principal.

Le juge administratif Camerounais opère une distinction entre l'intervention volontaire de l'intervention forcée.

---

[31] Ibid.P.974

[32] *J.M. AUBY et R.DRAGO, traité de contentieux administratif T .I. n°77.*

1- L'intervention volontaire

Il s'agit de celle dans laquelle un tiers décide de façon spontanée de se joindre à une instance en cours pour défendre ses droits ou ceux de l'une des parties en cause. Elle est ouverte à tous ceux qui ont intérêt au jugement du litige. Elle est recevable en tout état de cause jusqu'à la clôture de l'instruction.

CS/CA 30 avril 1981 ; Dame MBANKOLO Agnès Téclaire et SOP MOTE Joseph Philibert c/ Etat du Cameroun et OMGBA ZING Martin.

Jugement n°25.ADD.cs.ca du 24/12/1983 : Epoh Adyang Pierre c/ Etat du Cameroun.

Jugement CS/CA du 29.12.1990 Collectivité MVOG ZANGA ATEMGONO c/MINUH et MBARGA Raphael.

2- L'intervention forcée

Elle est forcée lorsqu' au cours d'une instance l'une des parties oblige un tiers à participer au procès. Mais il convient de préciser que les possibilités d'intervention forcée sont assez rares devant les juridictions administratives Camerounaises. En effet, la juridiction doit être compétente pour statuer sur l'objet de l'intervention et cette condition ne sera point remplie toutes les fois que l'appelé en cause sera une personne privée.

C- Le désistement et l'acquiescement

Le désistement d'action se distingue du désistement d'instance qui n'interrompt point la procédure, mais seulement l'instance présente, puisque le droit n'est pas respecté, garanti, en ce sens que le requérant n'a pas encore obtenu satisfaction.

Jugement n° 68/CS/CA du 30.9.1982 ; FAMBEU Thomas c/C.P.E Mbalmayo.

L'acquiescement est l'acte par lequel le défendeur reconnaît le bien fondé de la demande du requérant. Le désistement d'action et l'acquiescement ont pour principal effet de provoquer l'extinction de l'instance, c'est-à-dire du droit.

D- Les péremptions et reprises d'instance

Aux termes de l'article 101 de la loi du 29 décembre 2006, « tout recours est éteint par discontinuation des poursuites pendant 1080 jours ». C'est ce qu'on entend par péremption d'instance.

Jugement n°36/CS/CA du 04.03.1976 ; Kadji Defosso c/Etat du Cameroun.

La reprise d'instance intervient en cas d'interruption de l'instance. Cette hypothèse se rencontre essentiellement dans les cas de décès.

Jugement CS/CA ; Libam Kouang Melchiade c/Etat du Cameroun.

Ainsi, le décès du demandeur, survenu avant intervention d'une décision juridictionnelle, interrompt la procédure. Mais celle-ci peut être reprise par les héritiers. Il leur suffit pour cela d'adresser une requête au greffe de la Chambre administrative dans les 6 mois qui suivent la connaissance du décès.

Jugement n°22/cs/ca du 29.1.1976 : BETAYENE Jean Faustin c/ Etat du Cameroun.

Jugement n°47/cs/ca du 29.3.1979 : Veuve NKILI née Ndzié Ahanda Balbine c/ Etat du Cameroun.

E- La récusation

Les articles 104, 105 et 106 de la loi du 29 décembre 2006 fixant l'organisation et le fonctionnement des tribunaux administratifs disposent :

Article 104 (1). Tout juge peut être récusé pour toute cause susceptible de le mettre en situation difficile pour rendre un jugement impartial.

(2). La récusation est proposée par requête motivée déposée au greffe, signée de la partie, de son avocat ou de son mandataire muni d'un pouvoir spécial.

(3). Cette requête est communiquée par le greffier aux juges récusés qui sont tenus de signifier sous huitaine, par écrit, leur acquiescement à la récusation ou leur refus motivé de s'abstenir.

(4). À partir de cette communication, tout jugement et toute opération sont suspendus.

Article 105. (1) La juridiction saisie statue en chambre du conseil, sur le rapport d'un de ses membres.

(2). Si la récusation met en cause le président du tribunal, il est statué dans les mêmes conditions par la chambre administrative de la Cour Suprême.

(3). La partie dont la demande en récusation est rejetée peut être condamnée à une amende civile de dix à cent vingt mille (10000 à 120000) francs CFA, sans préjudice s'i y a lieu, des dommages-intérêts.

Article 106. Tout juge qui croit qu'il existe en sa personne une cause de récusation est tenu d'en saisir son supérieur hiérarchique qui pourvoit à son remplacement.

CHAPITRE III
LA SANCTION DU RECOURS

La sanction du recours, c'est-à-dire la décision prise par le juge à la suite de l'instruction du recours, est régie par les articles 48 à 64 de la loi du 29 décembre 2006 fixant l'organisation et le fonctionnement des tribunaux administratifs ainsi que par les articles 104 à 107 de la loi n°2006/016 du 29 décembre 2006 fixant l'organisation et le fonctionnement de la Cours Suprême.

SECTION I : LE JUGEMENT OU L'ARRET

Les décisions des tribunaux administratifs et de la chambre administrative sont rendues en audience publique. Elles sont rendues après délibéré à la majorité des voies des juges ayant suivi les débats. Elles comportent les mentions suivantes :

1- Un préambule qui débute ainsi qu'il suit :

« Au nom du peuple Camerounais, le Tribunal Administratif ou la Chambre Administrative » ;

2- un dispositif divisé en articles et précédé du mot « Décide » ;

3- elles indiquent :

- la composition de la juridiction, les noms des parties et leurs conclusions.

- les principales dispositions législatives ou réglementaires dont il a été fait application ;

- que le rapporteur, les parties, leurs mandataires ou défenseurs et les procureurs généraux ont été entendus ;

- qu'il a été statué sur les pièces du dossier en audience publique après délibéré.

Ces décisions sont rendues de façon contradictoire ou par défaut. Elles sont motivées et datées. Leurs minutes sont signées par le président, les assesseurs et le greffier et sont conservées au greffe de la juridiction.

Enfin, elles sont notifiées aux parties dans les huit jours de leur enregistrement par les soins du greffier en chef.

SECTION II : L'AUTORITE DE CHOSE JUGEE

L'autorité de chose jugée des décisions des juridictions administratives signifie que l'on ne peut plus remettre en question ce qui a été jugé. C'est le dispositif de toute décision juridictionnelle qui confère cette autorité de chose jugée, laquelle décision revêt une force de vérité légale et par voie de conséquence une force obligatoire. C'est l'application du vieil adage « Res judicata pro veritate habetur ». Cette force obligatoire qui dérive du caractère de vérité légale attachée aux questions soumises et tranchées par le juge se traduit concrètement par cette formule exécutoire apposée au bas des jugements et arrêts :

« REPUBLIQUE DU CAMEROUN, »

« AU NOM DU PEUPLE CAMEROUNAIS »

Et terminée par la mention suivante :

« En conséquence, le président de la République mande et ordonne à tous huissiers et agents d'exécution sur ce requis, de mettre le présent arrêt ou jugement à exécution, aux procureurs généraux, aux procureurs de la République, d'y tenir la main, à tous commandants et officiers de la force publique, de prêter main forte lorsqu'ils en seront légalement requis ».

L'autorité de chose jugée est relative ou absolue selon que la décision à laquelle elle s'attache est intervenue dans le plein contentieux ou dans celui de l'annulation.

En règle générale, les décisions tranchées par les juridictions administratives n'ont que l'autorité relative de la chose jugée. Seules ont l'autorité absolue de chose jugée, les décisions contentieuses prononçant une annulation pour excès de pouvoir.

Pour éviter toute confusion, il importe d'opérer une distinction entre les décisions qui ont l'autorité de la chose jugée et c'est l'hypothèse pour toute décision juridictionnelle, dès qu'elle est rendue, et de quelque tribunal qu'elle émane, et les décisions qui sont passées en force de chose jugée, c'est-à-dire les décisions devenues définitives, qui ne sont plus susceptibles d'une voie de recours ainsi que celles qui ont fait l'objet d'un recours rejeté. (*Arrêt n° 16/CFJ/Ass.Plén. du 16.3.1967 : Gustave ALTMAN c/ Etat du Cameroun).*

A- Conditions de l'autorité de la chose jugée

Elles sont résumées par l'article 1351 du Code Civil : L'« autorité de la chose jugée n'a lieu qu'à l'égard de ce qui a fait l'objet du jugement. Il faut que la chose demandée soit la même, que la demande soit fondée sur la même cause ; Que la demande soit entre les mêmes parties, et formée par elles et contre elles en la même qualité ».

Pour être clair, cela signifie qu'il faut une triple identité. Une identité d'objet -une identité de cause - une identité des parties.

Arrêt n° 104/CFJ/CAY du 27.1.1970 : TCHOUMBA NGOUANKEU Isaac c/ Etat du Cameroun Oriental.

« Considérant qu'il apparaît que l'objet de la présente demande est le même, qu'elle est fondée sur la même cause et qu'elle oppose les mêmes parties ; Qu'ainsi l'Administration est fondée à soutenir qu'il y a autorité de la chose jugée ».

Arrêt n° 42/CFJ/CAY du 30.4.1968 : EKWALA EDOUBE EYANGO Stéphane c/ Etat du Cameroun Oriental.

« Considérant que... pareille attitude est fautive et dommageable ; mais que le requérant qui ne conclut pas à l'allocation de dommages-intérêts en réparation du préjudice qu'il a pu subir du fait de ces agissements de l'Administration, semble en fin de compte demander de juger pour la seconde fois le comportement de l'Administration, alors que ce comportement a déjà été condamné en termes ne prêtant à aucune équivoque.

Considérant...qu'en raison de l'existence en la cause de la triple identité des parties, d'objet et de cause, le recours du sieur EKWALA se heurte au principe de l'autorité de la chose jugée et doit de ce fait être déclaré irrecevable ».

- C'est d'une part une identité des parties.

En effet, l'autorité relative de la chose jugée n'est opposable qu'aux parties à l'instance juridictionnelle, à l'issue de laquelle une décision a été rendue et qui ont agi en la même qualité.

- C'est d'autre part une identité d'objet

Cela revient à dire que toute réclamation qui tend à procurer à son auteur le même avantage que celui qui aurait résulté pour ce dernier de la prise en considération d'une précédente requête, rejetée par une décision juridictionnelle se heurte à l'autorité de la chose jugée. Le juge administratif tient compte de l'objet réel de la demande et non de son objet apparent.

Jugement n°31/CS/CA du 28.9.1978 : NDOUGSA Bernard c/Etat du cameroun.

« Considérant que sauf pour une modification dans la réparation demandée, la revendication du recourant est réellement comme celle qui avait été décidée par la Cour Fédérale de justice dans son arrêt du 18 Août 1972 ».

- C'est enfin une identité de cause :

On entend par cause le « fondement juridique » de la demande.

B- Le contenu de l'autorité de la chose jugée.

Les questions de droit, tranchées par les juridictions administratives camerounaises bénéficient d'une présomption de vérité légale. Celle-ci s'impose aux administrés, aux autres juges et enfin à l'Administration.

a- Elle s'impose aux administrés.

Cela signifie que les administrés sont tenus d'exécuter, de se conformer aux décisions de justice. S'ils ne se conforment pas à celles-ci, on peut utiliser contre eux les voies d'exécution forcée de droit commun.

b)- Elle s'impose aux juges.

La constatation matérielle des faits et la solution juridique dégagée par le juge dans une instance s'imposent aux autres juridictions qui pourront avoir à connaître ultérieurement d'un nouvel aspect ou du même aspect de la même question qui a été précédemment examinée, que ces juridictions soient de l'ordre administratif ou judiciaire.

1- La décision du juge administratif s'impose au juge administratif

(Cf. arrêt NDOUGSA Bernard précité).

« Considérant que l'arrêt de la Cour Fédérale de justice était dûment exécuté.Considérant que la réplique du recourant était que le

sujet de l'affaire du recours avait été préalablement décidé par l'arrêt de la Cour Fédérale de justice ».

2- la décision du juge répressif s'impose au juge administratif

La chose jugée au criminel s'impose au juge administratif dans deux cas :

a). En cas de décision de condamnation. Le juge répressif constate l'existence matérielle des faits et prononce une condamnation. Cette constatation matérielle des faits s'impose au juge administratif.

Arrêt n°205/CCA du 30.1.1953. M'BOTTO OTTO c / Territoire du Cameroun.

« Mais considérant que si le juge administratif est lié par les constatations matérielles relevées par les tribunaux de l'ordre judiciaire, il n'est nullement lié par l'interprétation donnée à ces faits par le juge statuant au pénal ».

b)- En cas de décision d'acquittement ou de relaxe. L'existence matérielle des faits est niée de façon formelle par le juge pénal ; Cette décision prise au criminel s'impose au juge administratif.

3- La décision du juge administratif s'impose à l'Administration

Cette dernière doit la respecter sous peine de violation de la chose jugée. *Arrêt n°7/CS/CA du 25.11.1976 ATANGANA Valentin c/ Etat du Cameroun.* Toutefois, un problème surgit et se pose à ce niveau. Celui-ci naît du fait que contrairement aux voies d'exécution forcée ayant cours dans le droit commun, il n'existe aucune contre les personnes morales de droit public en matière de contentieux administratif. En effet, dans ce cas précis, aussi bien les huissiers de justice que les autres agents d'exécution ne sont d'aucune utilité pour les particuliers victimes des agissements de l'administration ; d'autant plus que c'est cette dernière qui détient le monopole de la contrainte.

a) Point d'astreintes contre l'Administration.

Aucun juge, qu'il soit de l'ordre administratif ou judiciaire ne dispose d'aucun pouvoir d'astreindre l'Administration à une quelconque obligation, qu'elle soit positive ou négative. Dans le même ordre, il ne peut astreindre de façon comminatoire la personne morale de droit public à procéder à l'exécution d'une décision de justice sous peine de devoir s'acquitter d'une certaine somme d'argent. En la matière l'Administration bénéficie d'une totale liberté d'action pour exécuter ou non une décision de justice.

b). Point d'injonction à l'encontre de l'Administration.

A l'opposé des particuliers envers lesquels le juge administratif dispose d'une plénitude de compétence, puisqu'il peut non seulement leur adresser les injonctions, mais même dans certains cas ordonner leur expulsion par exemple lorsque ces derniers occupent abusivement le domaine public ou privé de l'Etat il n'en est rien lorsqu'il est question de l'Administration. En effet, le juge administratif ne dispose d'aucun pouvoir d'injonction à l'égard de l'administration. Il se contente d'annuler les décisions administratives reconnues illégales ou de condamner la personne publique au paiement de dommages-intérêts.

En d'autres termes, cela signifie que le juge administratif ne peut prescrire aucune obligation positive de faire ou de ne pas faire à l'administration.

Jugement n°87/CS/CA du 30.6.1983 ONAMBELE Germain c/Etat du Cameroun.

Le code pénal Camerounais en son article 126 b. renforce ces dispositions puisqu'il y est notamment écrit : « Est puni de la détention de six mois à cinq ans… le magistrat qui intime des ordres ou des défenses à des autorités exécutives ou administratives ».

C- La complexité de l'exécution des décisions des juridictions administratives.

L'autorité de chose jugée attachée à la décision du juge administratif lui conférant un caractère de vérité légale, celle-ci doit se matérialiser par une exécution effective.

Mais ce problème de l'exécution en apparence simple se révèle plutôt complexe. Cette complexité découle de deux séries de problèmes. Il y a d'une part des problèmes d'ordre juridique et matériel et d'autre part l'inertie de l'Administration.

a) .Les problèmes juridico-matériels

L'autorité de chose jugée d'une décision juridictionnelle revêt une valeur presque législative. Elle doit donc recevoir exécution.

Mais les difficultés surviennent lorsqu'il s'agit d'exécuter une décision de justice prononçant une annulation contentieuse. En effet, et dans ce cadre précis, l'acte administratif annulé est censé n'être jamais intervenu. De ce fait l'Administration a comme une obligation de remettre les choses en état et cela de façon rétroactive. Lorsqu'il s'agit d'un agent public illégalement sanctionné, celui-ci doit être réintégré dans le poste même d'où il avait été évincé. Sa carrière administrative doit être reconstituée de manière qu'il puisse se retrouver dans la situation qui aurait été la sienne au moment de l'annulation s'il n'avait été l'objet de cette sanction. Les jurisprudences française et camerounaise sont constantes sur ce point : C.E.26.12.1925 ; Rodière.

- *Jugement n°11/CS/CA du 19.12.1975 SAMBA EBEDE Théodore.*

- *Jugement n° 27/CS/CA du 29.01.1976 DIWOUTHA Loth Martin*

- *Jugement n° 36/CS/CA du 26.05.1977 TEUGUIA Gabriel*

A ce niveau se pose le problème des dotations budgétaires. Devant l'insuffisance ou la non inscription de crédits budgétaires devant couvrir de tels préjudices, les condamnations pécuniaires prononcées par le juge administratif conservent un caractère purement platonique et fictif.

b) L'inertie de l'Administration

Le principe cardinal de la séparation des pouvoirs doublé de celui de la séparation des autorités administratives et judiciaires oblige le juge de l'ordre administratif ou judiciaire à respecter l'indépendance de l'Administration. De ce fait, cette dernière n'est nullement tenue d'exécuter les décisions de justice, surtout dans la mesure où celles-ci auraient de sérieuses répercussions sur l'ordre public.

En dehors de cette hypothèse de maintien de l'ordre public, l'Administration peut volontairement et sciemment refuser d'exécuter les décisions de justice. Il en est ainsi dans les cas suivants :

- Retard à l'exécution

- Refus pur et simple d'exécuter : *Arrêt n°42 du 30.4.1968 Ekwala edoube eyango stéphane.*

- Mauvais vouloir. *CS/CA 30 11 1978. Mme Patris ETEKI IRMA ép. MANDESSI BELL.*

CS/CA 26 06 1986; KONTCHOU LEVI BORD

CS/CA 26 05 1988; BAMBOT LAWRENCE

- Recours au pouvoir discrétionnaire de l'Administration et surtout recours aux validations législatives ; *arrêt n° 105 du 8.12.1970 : Claude HALLE c/ Etat du Cameroun ; Loi du 27.11.1980* mettant fin à la compétence de la Cour Suprême en matière d'élection des chefs traditionnels.

D- Solutions aux problèmes de l'inexécution des décisions de justice administrative.

Celles-ci sont pour l'essentiel au nombre de deux. Il s'agit d'une part des techniques de collaboration et d'autre part des techniques de contrainte.

a). Technique de collaboration.

La mauvaise foi de l'Administration souvent invoquée par les administrés n'est pas toujours à l'origine de l'inexécution des décisions de justice. Quelque fois celle-ci est due à la complexité de la sentence prononcée par le juge.

Dans ce cas précis, ce dernier se doit de conseiller l'Administration sur la meilleure manière d'exécuter sa décision.

Une telle hypothèse est prévue en France avec les articles 58 et 59 du décret du 30 Juillet 1963 relatif à l'organisation judiciaire. Ce texte donne la possibilité à l'Administration de consulter le juge administratif et de s'enquérir sur la façon d'exécuter les décisions qui la condamnent.

Au Cameroun, le Procureur Général près la juridiction administrative lorsqu'il se trouve saisi par un administré des difficultés d'exécution d'une sentence juridictionnelle, examine celles-ci avec les fonctionnaires compétents dans le but de pourvoir à cette exécution. Un tel cas s'est produit avec *l'arrêt BABA YOUSSOUFA du 16.10.1968.*

b)- Technique de contrainte

Celles-ci sont au nombre de deux :

La contrainte contentieuse par laquelle le juge administratif condamne l'Administration récalcitrante à des dommages-intérêts substantiels pour non respect de l'autorité de chose jugée.

La contrainte publicitaire se rencontre essentiellement et uniquement en France avec le rapport annuel établi par le conseil d'Etat adressé au gouvernement et mentionnant tous les cas de non-exécution des décisions de justice ; ce qui à n'en pas douter constitue une mauvaise publicité pour l'Administration mise en cause.

En plus de ces deux procédés, la France a franchi une étape supplémentaire dans le sens d'une plus grande soumission de l'Administration au droit avec l'adoption de la loi n° 80-539 du 16 Juillet 1980 « relative aux astreintes prononcées en matière administrative et à l'exécution des jugements par les personnes morales de droit public », texte plus communément connu sous l'appellation « loi sur l'exécution des jugements par l'Administration». (Voir les observations de *Josiane TERCINET dans l'AJDA du 20.1.1981.pp.3-13).*

Le législateur camerounais à travers la loi n°2007/01 du 18 Avril 2007 instituant le juge du contentieux de l'exécution et fixant les conditions de l'exécution au Cameroun des décisions judiciaires et actes publics étrangers ainsi que des sentences arbitrales étrangères a entendu emboîter le pas à son homologue français pour tenir compte des préoccupations des sociétés actuelles. Malheureusement, la loi demeure vague et lacunaire sur les compétences et les pouvoirs de sanction reconnus au juge saisi pour faire assurer un véritable respect de la décision juridictionnelle.

CHAPITRE IV
LES VOIES DE RECOURS

Elles sont de deux sortes. Il s'agit d'une part des voies de réformation et d'autre part des voies de rétractation.

Dans le cadre de l'appel, le demandeur saisit une juridiction supérieure et lui demande de réformer la décision rendue par la juridiction inférieure.

Il en va autrement des voies de rétractation : Ici le justiciable porte le litige devant la juridiction dont émane le jugement et demande à celle-ci de rejuger l'affaire.

SECTION I : LES VOIES DE REFORMATION

Celles-ci sont au nombre de deux : Il s'agit d'une part de l'appel et d'autre part du pourvoi en cassation.

A- De la chambre administrative statuant en appel

Le principe de la règle du double degré de juridiction (Tribunaux administratifs, chambre administrative) fait que les jugements rendus par les tribunaux administratifs peuvent faire l'objet d'appel devant la chambre administrative.

Cette voie de réformation est prévue par les articles 112 à 114 de la loi n°22 du 29 décembre 2006 fixant l'organisation et le fonctionnement des tribunaux administratifs.

1 - Les Conditions de l'appel

L'appel doit, à peine de forclusion et sauf dispositions spéciales contraires, être formé dans un délai de (15) jours à compter du lendemain de la notification de la décision de la juridiction inférieure.

2- Les effets de l'appel

Devant la chambre administrative, l'appel d'un jugement rendu par les tribunaux administratifs en principe suspend l'exécution de celui-ci à moins que la chambre administrative n'en décide autrement. La chambre administrative saisie par la voie de l'appel, examine à nouveau tout le litige. Cela signifie que devant les juridictions administratives camerounaises, la dévolution ne peut pas s'étendre au-delà des limites de la première instance. En effet, toute demande nouvelle émanant de l'une ou de l'autre partie même si elle procède de la demande ordinaire et tend aux mêmes fins est irrecevable devant la chambre administrative.

B- De la chambre administrative statuant en cassation

Les articles 89 à 107 de la loi n°2006/016 du 29 décembre 2006 fixant l'organisation et le fonctionnement de la Cour Suprême reprennent pour l'essentiel les règles applicables en matière de cassation devant la chambre judiciaire de la Cour Suprême article 104 alinéa 3 et 4 de la loi qui dispose :

(3) En cas de pourvoi en cassation, les règles applicables à l'audience lors du prononcé de l'arrêt sont celles applicables devant la chambre judiciaire.

(4) En cas de cassation, la chambre administrative dispose d'un pouvoir d'évocation lorsque l'affaire est en état d'être jugé au fond.

SECTION II : LES VOIES DE RETRACTATION

Elles sont au nombre de quatre.

PARAGRAPHE I : L'OPPOSITION

Elle est régie par les articles 107 à 111 de la loi du 29 décembre 2006. C'est une voie de recours qui est ouverte contre les jugements rendus par défaut. En effet l'article 109 dispose :

(1) Les jugements sont rendus par défaut lorsque les parties n'ont pas déposé les mémoires dans les délais impartis.

(2) Les décisions par défaut sont susceptibles d'opposition.

Seul le défaillant peut faire opposition. Il dispose pour cela d'un délai de 15 jours suivant la notification de la décision de défaut (article 109 alinéa 3).

L'opposition a comme l'appel un effet suspensif et dévolutif (*Jugement n°33/CS/CA du 22.2.1979 MINELI ELOMO Bernard c/ Etat du Cameroun.)*

PARAGRAPHE II : LA TIERCE OPPOSITION

C'est une voie de droit par laquelle un tiers demande qu'un jugement qui lui a fait grief lui soit déclaré inopposable. Le tiers opposant doit remplir deux conditions qui ont été posées par l'arrêt du Conseil d'Etat français, BOUSSUGE, 28.11.1912 G.A. P.113) et reprise par la jurisprudence administrative camerounaise.

- L'intervention doit émaner d'une partie qui n'a été ni appelée, ni représentée à l'instance.

- Elle doit être dirigée contre une décision contentieuse qui préjudicie aux droits du tiers opposant.

Arrêt n°367/CCA du 3.9.1955. MINYEM Martial c/Territoire du Cameroun.

« Considérant que la procédure de la tierce opposition vise à examiner les motifs exposés uniquement par le tiers opposant qui n'était pas appelé au procès et non par une partie en cause qui a déjà eu l'occasion de présenter sa défense au cours de l'instance ordinaire en envers laquelle l'arrêt intervenu a l'autorité de la chose jugée ».

CS/CA du 28 février 1991 ; NSOM BEKOUNGOU Joseph

CS/CA du 26 septembre 1991 ; MAFFO Christine c/Commune Urbaine de Bafoussam et TAMO PELAP.

Tout comme l'appel et l'opposition, la tierce opposition a un effet dévolutif, puisque le juge saisi, réexamine à nouveau toute l'affaire.

Arrêt n° 112/CFJ/CAY du 8.12.1970 : Dame LAMI ABSATOU BI MOHAMAN c/ FOURNIAL et Etat du Cameroun Oriental.

« Considérant que la voie de la tierce opposition est ouverte à toute personne qui, n'ayant pas été partie, appelée ni représentée à un procès, peut établir que a décision contentieuse d'une juridiction porte atteinte à ses droits ou lèse ses intérêts.

Considérant que la tierce opposition reconnue recevable entraîne nécessairement la rétractation de la décision attaquée en vue d'un nouvel examen du litige. »

Enfin la tierce opposition peut être introduite sans condition de délai ;

Jugement n°51/CS/CA du 4 Mars 1976 : NTOWA MONKAM Charles, WENGA André c/ Etat du Cameroun.

Jugement Cs/Ca ; 28.02.1991 ; NSOM BEKOUNGOU Joseph

Jugement CS/CA du 26.09.1991.MAFFO Christine c/C.U de Bafoussam.

PARAGRAPHE III : LE RECOURS EN RECTIFICATION D'ERREUR MATERIELLE

Lorsque la décision des tribunaux administratifs ou de la chambre administrative est entachée d'une erreur matérielle, la partie intéressée peut introduire un recours en rectification devant le président de la juridiction ayant statué.

Ce recours est introduit dans un délai de trente jours à compter de la notification de la décision (article 117al.1et 2 de la loi n°2006/022 du 29 déc. 2006 fixant l'organisation et le fonctionnement des tribunaux administratifs.)

Jugement n°58/CS/CA du 31.07.1980 ; LEMBE PENDA Samuel

« Attendu qu'en effet il a été jugé que l'absence dans un dossier d'un mémoire produit, la discordance entre les visas d'une part, les motifs et les dispositifs d'autre part constituaient des erreurs matérielles. Attendu qu'aux termes de l'art.119 al2 de la loi n°75/17 du 8 décembre 1975 fixant la procédure devant la Cour Suprême statuant en matière administrative le recours en rectification d'erreurs matérielles est introduit dans un délai de trente jours à compter de la notification de la décision en cause. »

PARAGRAPHE IV : LE RECOURS EN REVISION

L'article 118 de la loi n°2006/022 du 29 décembre 2006 dispose :

1). La révision d'une décision contradictoire peut être demandée dans les trois cas suivants :

a) Lorsqu'il y a eu dol personnel ;

b) Lorsqu'il a été statué sur les pièces reconnues ou déclarées fausses depuis la décision ;

c) Lorsqu'une partie a succombé, faute de présenter une pièce décisive retenue par son adversaire.

2) Le recours en révision doit être formé dans un délai de trente (30) jours qui court à compter du lendemain du jour de la connaissance de la cause ouvrant droit à révision. Il est instruit et jugé par le tribunal qui a rendu le jugement prétendument vicié et selon la procédure suivie devant le tribunal.

SOUS TITRE II
LA PROCEDURE CONTENTIEUSE EXCEPTIONNELLE

Il s'agit essentiellement de l'appel aux mesures d'urgence :

Le sursis à exécution et le référé administratif

CHAPITRE I
LE SURSIS A EXECUTION

La procédure du sursis à exécution vise à tempérer les conséquences de l'effet non suspensif des recours contentieux, principe de droit devant les tribunaux administratifs. En effet, si les recours contentieux introduits contre les décisions administratives pouvaient entraîner une suspension de leur exécution, cela aurait pour résultat de paralyser le fonctionnement de l'Administration, parce que dans une telle hypothèse, les recours introduits seraient nombreux. Mais cette règle de l'effet non suspensif des recours peut se révéler dangereuse pour les administrés dans la mesure où certains actes administratifs peuvent leur causer des préjudices irréparables qu'un jugement rendu à posteriori ne pourra pas effacer. Aussi a-t-on prévu cette procédure du sursis à exécution pour tempérer ou atténuer la portée de la règle.

Prévu par les articles 30 et 31 de la loi n°2006/022 du 29 décembre 2006 fixant l'organisation et le fonctionnement des tribunaux administratifs. le sursis à exécution ne peut être accordé que si deux conditions sont réunies.

- Le préjudice subi doit être irréparable ;

- La décision attaquée ne doit intéresser ni l'ordre public ni la sécurité ou la tranquillité publique.

Ordonnance n°1/OSE /CS /PCA, 1977-1978 : DJOBET Mathieu c/ Etat du cameroun.

« Considérant qu'aux termes de l'art.16 de la loi du 8.12.1975... toutefois, si l'exécution est de nature à causer un préjudice irréparable et que la décision attaquée n'intéresse ni l'ordre public ni la sécurité ou la tranquillité publique, le président de la chambre administrative peut, après communication à la partie adverse et avis conforme du ministère public, ordonner le sursis à exécution... considérant que l'exécution de l'arrêté n°137 du Ministère des Finances est de nature à causer un préjudice irréparable au requérant.

ORDONNE

Article 1er. Que le requérant est bien fondé en sa requête de sursis à exécution.

Article 2. La suspension de l'exécution jusqu'à l'issue du recours de l'arrêté attaqué. »

Le sursis à exécution est ordonné par le Président de la chambre administrative après communication à la partie adverse et avis conforme du ministère public.

ORSE n° 15/PCA/CS du 29.09.1979. Docteur TAKOR TAKOR Thomas c/ Etat du Cameroun :

«La demande de sursis à exécution d'une décision administrative doit être concomitante, c'est-à-dire formée en même temps que la demande principale et par la même requête. En effet, une demande de sursis à exécution est essentiellement une demande accessoire, incidente dans un recours contentieux ».

Mais il convient de souligner que le juge à travers plusieurs décisions est revenu sur cette jurisprudence. En effet dans une espèce *MBIAMA MESSANGA Casimir (orse n°5/cs/pca du 16 février 1983)* le juge relativise la portée de l'ancienne loi à savoir celle du 8 décembre 1975 laquelle était très restrictive dans la mesure où le juge était pratiquement obligé de suivre les conclusions du représentant de l'Etat puisqu'il affirme qu' « il s'agit d'une faculté qui n'exclut nullement une requête séparée », bien au contraire le même juge affirme dans une autre espèce *MBAYI Philippe (orse n°17/CS//PCA du 17 août 1986 que « la loi ne subordonne nullement la recevabilité de la demande de sursis à l'existence d'un recours formé antérieurement à celle-ci ».* Cette position sera confirmée par une autre ordonnance *n°38/CS/PCA du 27 juin 1987 NJANBOU c/ SODACIC.*

Le législateur à travers la loi n°2006/022 du 29 décembre 2006 fixant l'organisation et le fonctionnement des tribunaux administratifs a entendu tenir compte de cette évolution jurisprudentielle. En effet, la demande principale de saisine de l'autorité administrative préalable à tout recours contentieux se trouve dissociée de tout recours formel de sursis à exécution. Mieux le législateur va dans le sens d'une plus grande protection des droits des administrés en évacuant cette condition aliénante pour les magistrats d'un avis conforme du représentant de l'Etat. En effet, les articles 30 et 31 dudit texte disposent:

Art.30 - (1) Le recours gracieux contre un acte administratif n'en suspend pas l'exécution.

(2) Toutefois, lorsque l'exécution est de nature à causer un préjudice irréparable et que la décision attaquée n'intéresse ni l'ordre public, ni la sécurité ou la tranquillité publique, le président du tribunal administratif peut, saisi d'une requête, après communication à la partie adverse et conclusion du ministère public, ordonner le sursis à exécution.

(3) Il est statué sur la demande de sursis à exécution par ordonnance.

(4) L'ordonnance prononçant le sursis à exécution devient caduque si, à l'expiration du délai prévu à l'article 18 ci-dessus, le tribunal n'est pas saisi de la requête introductive d'instance.

Art.31- (1) L'ordonnance de sursis à exécution est, dans les vingt-quatre (24) heures, notifiée aux parties en cause.

(2) L'effet de l'acte attaqué est suspendu à compter du jour de cette notification.

Le juge s'est conformé à cette évolution législative à travers certains exemples jurisprudentiels. Il en est ainsi notamment de *l'ordonnance n°01/ose/CCA/CS/2009 du 23 Janvier 2009. SDF c / Etat du Cameroun (Demande de sursis à exécution du décret n°2008/463 du 30 décembre 2008 du Président de la République portant nomination des membres du conseil électoral d'élections Cameroun (ELECAM)).*

Ordonnance n°06/OSE/CCA/CS/2009 du 26 mars 2009 ; Professeur BIWOLE SIDA Magloire c/ Etat du Cameroun (Contrôle Supérieur de l'Etat).

CHAPITRE II
LE REFERE ADMINISTRATIF

La procédure du référé administratif permet au président de la juridiction saisie de prendre, sans toucher au fond du litige, des mesures d'urgence de nature à sauvegarder les intérêts des plaideurs. Prévu et organisé par les articles 27, 28, et 29 de la loi n°2006/022 du 29 décembre 2006, le référé administratif ne peut intervenir que si quatre conditions sont remplies.

- le litige ne doit intéresser ni l'ordre public, ni la sécurité et la tranquillité publique ;

- Il faut qu'il y ait urgence, c'est-à-dire une situation de fait susceptible de se détériorer rapidement et l'exigence ou le recours à des mesures conservatoires indispensables.

(cf. *Ordonnance LELE Gustave précitée.*)

« Considérant qu'il est constant que l'urgence constitue le fondement même de la décision du référé ». Voir également dans le même sens, Arrêt n°91/CFJ/CAY du 6.1.1970 : KWEMKAM MOLHIE Luc c/C.P.E Yaoundé.

- La demande de référé administratif n'est recevable que si la demande principale relève de la compétence du juge administratif. Cela revient à dire que le juge administratif serait incompétent pour statuer sur une demande de référé, si le litige principal relatif à une question d'indemnisation consécutive à une expropriation pour cause d'utilité publique relève de la compétence du juge judiciaire.

Arrêt n°159/CFJ/CAY : NLIBA NGUIMBOUS François Anatole c/Etat du Cameroun Oriental.

Considérant qu'aux termes de l'art.12 de la loi n°66/LF/4 du 10 Juin 1966 règlementant la procédure d'expropriation pour cause d'utilité publique, les contestations relatives au montant de l'indemnité d'expropriation sont portées devant le tribunal civil du lieu de situation de l'immeuble objet d'expropriation. Que dès lors le juge administratif est incompétent à connaître des litiges qui ne sont point de sa compétence au fond ».

- Les mesures envisagées ne doivent pas faire préjudice au principal

La procédure du référé a été simplifiée au maximum. La requête sollicitant le référé est immédiatement notifiée au défendeur à qui il est fixé un délai de réponse.

Par dérogation au principe de l'effet suspensif des voies de recours, l'ordonnance de référé est immédiatement exécutoire.

Le juge des référés dispose de peu de pouvoirs

- Il ne peut préjudicier au principal ; c'est-à-dire qu'il n'a pas le pouvoir de statuer sur les « contestations sérieuses » qui nécessiteraient de longues investigations, lesquelles sont exclusives de la rapidité qui constitue la procédure de référé.

Arrêt n°50/CFJ/CAY du 27juin 1968 : Bernard AUTEROCHE c / Ordre National des médecins du Cameroun.

- il ne peut non plus faire obstacle à l'exécution d'une décision administrative en vertu du principe de la séparation des autorités administratives et judiciaires ; *Ordonnance n° 7.1977-1978 : LELE Gustave c/ Etat du Cameroun.*

« Considérant qu'il est constant que l'urgence constitue le fondement même de la décision de référé, mais que cette notion ne peut plus entrer en ligne de compte lorsque la mesure demandée tend à faire obstacle à l'exécution d'une décision administrative ».

Tout ce qu'il peut faire, c'est ordonner des mesures d'instruction qui pour l'essentiel se ramènent aux expertises d'urgences et des mesures conservatoires.

La loi n°2006/022 du 29 décembre 2006 fixant l'organisation et le fonctionnement des tribunaux administratifs en ses articles 27, 28 et 29 reprend à cet égard les dispositions de la loi du 08 décembre 1975 abrogée.

TITRE II
LES RECOURS CONTENTIEUX DEVANT LA JURIDICTION ADMINISTRATIVE

Quatre types de contentieux méritent d'être distingués. Il s'agit de :

- Le contentieux de l'annulation (contentieux des droits objectifs) couramment connu sous l'appellation de recours pour excès de pouvoir.

- Le contentieux de pleine juridiction ou plein contentieux (contentieux des droits subjectifs) qui vise la condamnation de l'administration à des réparations pécuniaires.

- Le contentieux de l'interprétation et de l'appréciation des actes législatifs ou réglementaires.

- Le contentieux de la répression reparti entre les juridictions administratives disciplinaires et d'autres juridictions spécialisées chargées d'infliger des sanctions aux comptables publics.

Malgré la création d'un ministère chargé du contrôle supérieur de l'Etat et d'une chambre des comptes logée au sein de la Cour Suprême, deux types de contentieux méritent particulièrement l'attention en ce sens qu'ils connaissent un développement prodigieux au Cameroun ; Il s'agit du contentieux de pleine juridiction et du contentieux de l'excès de pouvoir.

SOUS TITRE I
LA RESPONSABILITE DE L'ADMINISTRATION DEVANT LA JURIDICTION ADMINISTRATIVE

Le 19è siècle et surtout le 20è siècle ont vu l'état libéral classique renoncer à sa fonction traditionnelle d'Etat gendarme pour s'en attribuer une nouvelle ; Celle d'Etat providence. Ce changement, opéré depuis longtemps, a pris un tournant décisif durant la période d'entre les deux guerres mondiales, conduisant les états à intervenir dans de nombreux domaines. Ces interventions qui se sont amplifiées et diversifiées avec le développement des Etats et l'accroissement de leurs activités, sont susceptibles de causer des dommages aux administrés. Ces faits dommageables qui peuvent être provoqués par n'importe quel service public, sont de nature fort variée : illégalité, perte d'objets, lenteurs excessives, accidents divers, etc. Il se pose alors la question de savoir qui supportera la charge de la réparation de ces préjudices. La victime des agissements de l'Administration ou bien cette dernière ? Pendant longtemps la première hypothèse était seule retenue. En effet, l'irresponsabilité de l'Administration du fait des agissements de ses agents était la règle jusqu'en 1870 ; les particuliers victimes des dommages ne disposaient d'aucune voie de recours pour se faire indemniser. Les raisons qui expliquaient cette règle étaient au nombre de trois.

1)- les préjudices résultant de l'activité administrative à cette époque étaient peu fréquents et peu nombreux, parce que l'activité de l'Etat était réduite. C'était la période de l'Etat-gendarme qui consistait à assurer l'ordre à l'intérieur des frontières nationales et la défense de celles-ci à l'extérieur.

2)- La révolution de 1789 n'avait pas entraîné la destruction de la vieille maxime « LE ROI NE PEUT MAL FAIRE », qui consacrait son irresponsabilité. Les révolutionnaires de 1789 conservèrent l'idée de la souveraineté étatique tout en changeant le titulaire de celle-ci. La nation, désormais souveraine, bénéficierait des mêmes privilèges que ceux anciennement attachés à la personne du roi.

3)- Le système de responsabilité prévu à l'époque était celui institué par le Code Civil ; articles 1382-1386. C'est un système fondé sur le régime de responsabilité pour faute, système difficilement transposable à l'Administration où on considérait que les gouvernants ne pouvaient mal faire. Cette théorie disparaît en 1870 avec la chute du second empire.1870, c'est également le début de la 3è République et sur le plan politique, cela se traduit par le passage d'un régime impérial autoritaire à une République libérale. Le libéralisme politique qui imprègne les sphères dirigeantes et l'idéal démocratique qui en est sa traduction matérielle vont modifier les rapports entre l'Administration et les administrés. De sujets, ceux-ci deviennent des citoyens. L'avènement de la République parlementaire entraîne comme corollaire la mise en jeu de la responsabilité politique du cabinet, et de la responsabilité politique à la responsabilité civile, il n'y a qu'un pas qui est vite franchi.

A côté de ce facteur politique, il y a également d'autres facteurs pour l'essentiel économiques qui interviennent. C'est l'époque du développement du machinisme, de la multiplication des interventions des pouvoirs publics dans de nombreux domaines, avec comme conséquence une augmentation du nombre de préjudices causés au administrés. L'absence de réparation de ces préjudices pose à la fois des problèmes moraux et juridiques. En effet, ces opérations administratives sont entreprises pour le bien de tous, il est donc anormal qu'un petit nombre supporte les conséquences dommageables de ces agissements. C'est pourquoi dès 1873 le Conseil d'Etat qui vient d'acquérir son autonomie vis-à-vis de l'administration active et le tribunal des conflits nouvellement créé par la loi du 24 mai 1872, vont élaborer un véritable droit de la responsabilité administrative autonome, responsabilité qui sera progressivement étendue à toutes les activités étatiques, vidant ainsi de son contenu le premier membre du principal considérant de l'arrêt Blanco ; T.C. 08 février 1873 qui stipule : « La responsabilité qui peut incomber à l'Etat n'est ni générale, ni absolue ; elle a ses règles spéciales qui varient suivant les besoins du service et la nécessité de concilier les droits de l'Etat avec les droits privés ».

Cette responsabilité administrative qui est la conséquence de son activité dommageable, si elle est imputable aux personnes publiques, n'est jamais leur fait propre. En effet, l'Administration personne morale de droit public, n'agit jamais par elle-même, mais toujours par l'intermédiaire de ses agents. Ce sont ces agents qui sont les véritables auteurs des dommages imputés à l'administration. Il convient ainsi d'opérer une distinction entre les dommages qui sont le fait de l'Administration, donc qui mettent en cause la responsabilité de l'Etat et ceux qui sont le fait des agents.

CHAPITRE I
LA RESPONSABILITE DE L'ETAT

L'étude de la responsabilité de l'Etat peut être articulée autour de trois données, à savoir : la responsabilité pour faute, la responsabilité sans faute et l'irresponsabilité de l'Etat du fait de la répression du terrorisme.

SECTION I : LA RESPONSABILITE DE L'ETAT POUR FAUTE

L'Etat répond des conséquences dommageables de son activité administrative en cas de faute du service ou faute de service. De ce fait, l'administration doit répondre du préjudice ainsi causé, c'est-à-dire supporter la charge de la réparation à condition, comme le précise la jurisprudence, que ce préjudice revête un certain nombre de caractères ouvrant droit à réparation, à savoir : être direct, certain, spécial, matériel et moral et constituer une atteinte à une situation juridiquement protégée.[33] La responsabilité de l'Etat peut être également engagée en cas de défaut de maintenance d'un ouvrage public.[34] Cette responsabilité de l'Etat peut être atténuée ou exonérée en totalité ou en partie lorsque la victime du dommage a concouru à la réalisation de celui-ci.[35]

---

[33] *Jugement n°29/CS/CA du 28 décembre 1978 ; BAHA NGUE Jean Michel*

Jugement n°35/CS/CA du 22 février 1979. Caisse Nationale prévoyance sociale c/ United Cameroon International Company

Jugement n°2/CS/CA du 02 Novembre 1978. SOO Georges c/ Université de Yaoundé.

Arrêt n°10/CFJ/CAY du 16 mars 1967 Dame KWEDI Augustine

[34] *Arrêt n°15/CFJ/SCAY 16 Mars 1967 Dame FERRIERE.*

Jugement n°30/CS/CA du 27 mai 1982.Dr DZIETHAM Pierre

[35] *Jugement n°62/CS/CCA du 31 Mai 1979. NOGO Eugène c/ Etat du Cameroun*

Jugement n°60/CS/CA du 28 Avril 1983. MBOUS Jacques

Arrêt n°145/CFJ/CAY du 23 Mars 1971. NGIJOL NGIJOL Pierre c/Etat Fédéral du Cameroun.

.

Ce régime de responsabilité de responsabilité obéit aux conditions suivantes :

- Il faut un fait dommageable. Ce fait constitue une faute de service (I).

- Ce fait dommageable s'analyse en un préjudice indemnisable (II).

- Il doit y avoir un lien de causalité entre l'activité administrative et le fait dommageable (III).

PARAGRAPHE I: LE FAIT DOMMAGEABLE

Le fait dommageable s'analyse en une faute de service. La faute de service, dit le commissaire du gouvernement La Ferrière dans ses conclusions sous l'arrêt Laumonnier-Carriol, T.C. 5 mai 1877, c'est « l'acte dommageable impersonnel, qui révèle un administrateur, un mandataire de l'Etat, plus ou moins sujet à erreur ».

La faute de service revêt un double aspect.

1. Elle peut consister en une faute individuelle, commise par un agent identifiable, il s'agit alors de la faute de service du fonctionnaire d'une part ;

Arrêt n°269 ; CCA du 27.11.1953 ; NANA Gallus c/Administration du territoire.

« Considérant ...que le requérant en s'absentant sans autorisation régulière ; en ne suivant pas les instructions de son chef hiérarchique ; en tenant des propos insolents et même outrageants, dans une lettre écrite par lui au chef de région, a manifestement commis une faute de service qui pouvait être sanctionnée disciplinairement ».

2. Mais elle peut également consister en une faute anonyme, l'auteur ne parvenant pas a être identifié ; C'est le service dans son ensemble qui a mal fonctionné. Pour la différencier de la première citée, la jurisprudence emploie l'expression faute du service ;

Arrêt n°298/CCA du 21.5.1954 ; OMBEDE Philipe-Louis c/Administration du Territoire.

« Considérant...que le requérant est fondé à se prévaloir d'une faute administrative qui a eu pour objet de lui porter préjudice et dont l'administration du territoire doit être tenue pour responsable ».

Cs/Ca Jugement n°13 du 23 novembre 1989 ENYEGUE DIPOKO Bernard

Les fautes de service sont multiples. Elles peuvent s'analyser soit en une opération matérielle (le service public a mal fonctionné ou n'a pas fonctionné du tout), soit en une inertie ou carence administrative (lenteur administrative, dans la transmission d'une réclamation par exemple), soit enfin un acte juridique illégal.

PARAGRAPHE II : LE PREJUDICE INDEMNISABLE

Pour ouvrir droit à réparation, le préjudice doit présenter certains caractères : il doit être direct, certain, revêtir un caractère spécial, matériel et moral, et enfin constituer une atteinte à une situation juridiquement protégée.

Arrêt n°352/CCA du 12.7.1955 ; BIAO c/Administration du territoire.

« Considérant...que pour qu'une demande en dommages intérêts puisse être accueillie par le tribunal administratif, le demandeur doit non seulement prouver la faute de service, mais aussi que cette faute qui met en jeu la responsabilité d'une administration publique ait engendré des conséquences dommageables pour lui et que le préjudice qui en est résulté est un préjudice certain, spécial, directe et porte atteinte à une situation légitime »

A. Préjudice direct

Pour être indemnisable, le préjudice doit résulter directement de l'activité administrative.

Cependant la jurisprudence administrative entend de façon assez large la relation de lien de causalité directe. En effet le lien de causalité peut se trouver rompu soit par le fait d'un tiers, de l'usager ou de la victime même du dommage. Il s'agit ici des causes d'exonération qui dégagent totalement ou partiellement la responsabilité de l'administration. En effet celle-ci est atténuée, voire même exclue s'il s'avère qu'une cause étrangère est intervenue dans la réalisation du dommage.

Dans le cadre du régime de responsabilité pour faute, cette cause étrangère revêt quatre formes :

- la faute de la victime ;
- la force majeure ;
- le fait d'un tiers ;
- le cas fortuit.

Arrêt n°210/CCA du 5012.1952 ; COMECA c/BOURDIN et CHAUSSE.

« Considérant que la responsabilité de l'accident incombe pour la grande part à l'entreprise BOURDIN et CHAUSSEE du fait de sa négligence et de son manque de précaution ;

Que cependant la responsabilité personnelle du conducteur est également engagée. Qu'en effet la violence du choc fait présumer que celui-ci conduisait son véhicule à une allure ; Que de tout ce qui précède il y a lieu de conclure à un partage de responsabilité dans la proportion du 2/3 incombant à l'entreprise BOURDIN et CHAUSSEE, dont la faute due à sa négligence est la plus grave, et 1/3 incombant à la requérante du fait de l'imprudence de son préposé ».

Jugement n°62/CS/CA du 31 mai 1979 : NOGO Eugène.

Arrêt n°145/CFJ/CAY du 23 mars 1971 ; NGIJOL NGIJOL Pierre c/ Etat du Cameroun.

Jugement n°29/CS/CA du 28.12.1978. BAHA NGUE Jean Michel c/ Etat du Cameroun.

« Considérant...que BAHA NGUE ne pouvant rapporter la preuve de l'existence d'un lien de causalité entre l'administration, l'accident et le préjudice qu'il a subi devrait saisir le juge judiciaire d'une action en réparation dirigée contre le chauffeur et le propriétaire du véhicule ».

B. Préjudice certain

Seul le préjudice certain est susceptible d'indemnisation, ce qui exclut tout droit à réparation pour les préjudices éventuels. Le préjudice certain n'est pas seulement le préjudice réalisé, il peut être également le préjudice futur, c'est-à-dire celui qui interviendra inéluctablement et dont on peut prévoir l'évaluation. (Exemple le préjudice résultant d'une invalidité qui atteint un enfant, on peut estimer de façon approximative la diminution de sa capacité professionnelle dans le futur). Cependant le juge administratif camerounais a une conception restrictive du mot « certain » puisqu'il ne répare que le préjudice « actuel » et refuse tout droit à indemnisation pour un préjudice futur.

Jugement n°35/CS/CA du 22.2.1979 ; Caisse Nationale de prévoyance Sociale c/ United Cameroon International Compagny.

« Considérant...que la CNPS sollicite la condamnation de l'entreprise U.C.I.C. au paiement de l'intégralité des sommes qui seront payées aux transitaires et fournisseurs au titre de gardiennage des matériels et mobiliers, et d'autres sommes dont il n'est pas possible d'évaluer le montant pour le moment...

Considérant que ces prétentions ne sont fondées...qu'en effet la CNPS...ne peut réclamer à l'entrepreneur que la réparation du préjudice actuel, qu'elle ne peut lui réclamer une indemnité quelconque en raison des mécomptes qu'elle pourra avoir ».

C. Préjudice spécial

Le préjudice subi doit être spécial, c'est-à-dire particulier à un individu ou à une catégorie d'individus bien délimitée.

Arrêt n°78/CCA du 21.12.1951 ; sieur THINE c/administration du territoire.

« Considérant que le conseil peut...évaluer le préjudice matériel subi par le requérant du fait de ce voyage qu'il a accompli sur ordre de l'autorité administrative. Qu'en procédant ainsi...le conseil évalue un préjudice spécial et certain causé au requérant pour le bien commun ».

D. Préjudice matériel et moral

A l'instar de son homologue français, le juge administratif camerounais a toujours indemnisé le préjudice matériel.

Jugement n°2/CS/Ca du 2.11.1978 ; SOO Georges C/Etat du Cameroun.

Il en allait autrement du préjudice moral. Pour le juge administratif en effet, la douleur ne lui paraissait pas susceptible d'être appréciée en argent, d'où l'expression « les larmes ne se monnayent pas ».

Arrêt n°3/CCA du J.9.1954 ; VITTORI Pierre c/ Administration du territoire.

« Considérant que le préjudice souffert par le requérant et sa femme du fait des souffrances exceptionnelles qu'ils ont endurées ne saurait donner lieu à réparation ;

Qu'il est en effet de jurisprudence constante devant les tribunaux administratifs que la douleur, le chagrin provoqués par la perte d'un parent, ne peuvent être retenus comme base d'un préjudice susceptible d'être évalué en argent ».

Le juge camerounais cependant, reprenant les principes posés par la jurisprudence française, acceptait l'indemnisation de certaines formes de préjudice moral appréciables en argent telles que le préjudice esthétique et l'atteinte à la réputation. Il indemnisait également des « troubles de toute nature apportés dans les conditions d'existence.

Arrêt n°488/CCA du 28 juillet 1956 ; MBONG Clément c/ Administration du Territoire.

« Considérant...que d'après une jurisprudence bien affirmée du C.E ; le préjudice purement moral ne peut faire l'objet d'une indemnisation devant les juridictions administratives ; Celles-ci par contre sont tenues d'indemniser aussi complètement que possible le dommage matériel dont la réparation incombe au territoire ainsi que le trouble subi dans les conditions normales d'existence ».

Le refus par le conseil d'Etat de réparer la douleur morale était vivement critiqué non seulement par la doctrine, mais aussi par les tribunaux administratifs qui se rebellaient contre cette jurisprudence en refusant de l'appliquer. Aussi la haute juridiction abandonnera-t-elle cette position en 1961 avec l'arrêt LETISSERAND C.E.24.11.1961. Rec.661.G.A.p.505. Le juge Camerounais lui emboîtera le pas en reconnaissant à partir de 1967 que la douleur morale doit ouvrir droit à réparation.

Arrêt n°10/CFJ/CAY du 16 Mars 1967 ; Dame KWEDI Augustine c/ Etat du Cameroun.

« Attendu qu'une mère est en droit de se prévaloir d'une atteinte à ses sentiments d'affection par la disparition d'un fils de 14 ans ; qu'on ne peut douter de sa douleur véritable ; Que la douleur morale qui est résultée pour elle de la disparition prématurée de son fils, est par elle-même génératrice d'un préjudice indemnisable ».

E. Atteinte à une situation juridiquement protegée

Le préjudice doit consister en une atteinte à une situation reconnue par le droit. Ainsi le préjudice qui résulte pour une concubine du décès de la personne avec qui elle vivait ne peut donner lieu à réparation. C.E.11.05.1928, Demoiselle RUCHE TONS. 1928.3.97 NOTE HAURIOU. Mais avec l'évolution des mentalités, le juge français est revenu sur cette solution en admettant la réparation, donc la légitimité d'un préjudice subi par une concubine du fait du décès de son amant imputable à l'administration (C.E, 21 Octobre 1955 dame BRAUD).

SECTION II : LA RESPONSABILITE DE L'ETAT SANS FAUTE

Cette responsabilité est engagée sur la base du principe de l'égalité de tous les citoyens devant les charges publiques. Le fondement de ce principe doit être recherché dans l'article 13 de la Déclaration Française des Droits de l'homme et du citoyen du 26 Août 1789 qui dispose :

« Pour l'entretien de la force publique et les dépenses de l'Administration une contribution commune est indispensable ; elle doit être également répartie entre tous les citoyens, en raison de leurs facultés ».

L'idée générale ici, c'est que l'Administration use de façon régulière des prérogatives qui lui sont conférées et cela dans l'intérêt général, mais cet usage peut causer un dommage spécial et anormal à autrui. La personne publique bien que non fautive, doit rétablir l'équilibre en réparant le préjudice subi par le tiers.

Arrêt n°5/CFJ/CAY du 24.3.1969 : Dame NGUE Andrée c / C.P.E de Mbalmayo.

« Considérant qu'un préjudice souffert par un particulier à raison de l'exécution des travaux d'intérêt général n'ouvre droit à réparation que s'il est exceptionnel, c'est-à-dire revêt une particulière

gravité ; qu'en ce cas, en effet il y a atteinte au principe de l'égalité de tous les citoyens devant les charges publiques, ce qui suffit à engager la responsabilité de la puissance publique en dehors de toute idée de faute ».

Cette responsabilité de l'Administration est également engagée pour risque. En effet, dans l'exercice de ses multiples missions, l'Etat est amené à exposer certaines personnes à un risque particulier. Ce risque existe de façon autonome sans qu'aucune faute ne soit reprochée à l'Etat et en cas de survenance d'un préjudice, l'Administration a l'obligation d'indemniser la ou les victimes du dommage. C'est notamment le cas pour les dommages de travaux publics (Arrêt Dr. DZIETHAM précité), l'usage d'arme à feu par la police, des préjudices subis par les collaborateurs occasionnels ou bénévoles de l'Administration.

Arrêt n°645/CCA du 6 septembre 1957KWANG ESSIANE C/Etat du Cameroun.

SECTION III : LA REPARATION DU DOMMAGE

La responsabilité de la puissance publique une fois engagée, que ce soit sur la base de la faute, la victime du préjudice doit être indemnisée. Cette réparation soulève deux problèmes.

- le premier consiste à déterminer la collectivité publique qui doit en répondre

- Le second est relatif aux règles qui gouvernent la réparation.

PARAGRAPHE I : LA COLLECTIVITE PUBLIQUE RESPONSABLE

Il s'agit de déterminer la collectivité contre laquelle la victime doit diriger son action en indemnisation. En règle générale, la personne publique responsable est celle dont dépend le service public qui a causé le dommage. Ainsi, une collectivité publique, gardienne d'un véhicule administratif, est responsable des dommages causés par ce véhicule même si celui-ci appartient à une autre personne publique.

Arrêt n°1/CFJ/CAY du 4.11.1966 ; Dame MENGUE Marie c/C.M.R de Mbalmayo.

« Considérant que la commune mixte rurale de Mbalmayo (CMR) gardienne de ce véhicule administratif (mais appartenant à l'Etat fédéré du Cameroun Oriental) était tenue de répondre de tout dommage qu'il causerait aux tiers ».

Cette règle facile en apparence se révèle au contraire d'application difficile, parce qu'elle soulève deux questions.

- Qui est responsable lorsque plusieurs personnes publiques sont associées à une même activité ?

- Qui répond de la demande en réparation de la victime lorsqu'un même agent public a agi pour le compte de plusieurs collectivités publiques ?

A- Plusieurs personnes publiques associées à une même activité

Cette hypothèse se vérifie en France où le législateur l'a prévu en matière d'enseignement du premier degré ; les communes sont chargées de l'entretien des locaux alors que l'Etat s'occupe de la gestion du personnel. Lorsqu'un préjudice est causé, il faut déterminer à quelle activité il se rattache. Si c'est le fait du mauvais entretien des locaux, c'est la commune qui est responsable. S'il s'agit au contraire d'un fait imputable à un maître, c'est l'Etat qui en répondra. S'il y a impossibilité de dissocier les deux éléments, la responsabilité des deux collectivités se trouve engagée, mais il n'y a pas solidarité entre elles comme en droit civil.

B- L'agent public agit pour le compte de plusieurs administrations

C'est la technique du « dédoublement fonctionnel » ; c'est-à-dire un même agent agit pour le compte de plusieurs personnes publiques différentes. C'est le cas du maire principalement agent de la commune, accessoirement agent de l'Etat. (Lois n°2004/017 du 22 juillet 2004 d'Orientation de la Décentralisation et 2004/018 du 22 juillet 2004 fixant les règles applicables aux communes). C'était également le cas à l'époque de la fédération où les préfets, sous-préfets et chefs de districts, dans leurs ressorts territoriaux respectifs, agissaient à la fois pour le compte des états fédérés et de l'Etat fédéral.

Arrêt n°306/T.E. du 24 Août 1963 ; Sieur TAKOUKAM Samuel c/Etat du Cameroun.

« Considérant qu'à l'appui de ce recours il a exposé que dans la nuit du 19 au 20 décembre 1961, au village de N'LOHE, le chef de district de MANJO a ordonné l'incendie de sa case et de toutes les dépendances, au prétexte qu'il voulait réprimer les actes terroristes perpétrés dans ledit village.

Considérant en ce qui concerne la compétence qu'il n'est pas contesté que le chef de district jouit des pouvoirs étendus à caractère hybride et qu'il fait par conséquence les actes du pouvoir fédéral, toutes les fois qu'il agit dans l'intérêt de la sécurité intérieure de la fédération.

Qu'en ordonnant l'incendie de la case du requérant le chef de district en cause a agi en qualité d'agent du pouvoir fédéral ».

Voir dans le même sens, l'arrêt n°349/T.E. du 8 Août 1964 ; Dame Angèle DAOUD, veuve TSOFLIAS c/Etat du Cameroun Oriental.

Autre hypothèse de dédoublement fonctionnel ; c'est l'existence du pouvoir de tutelle, c'est-à-dire du pouvoir de contrôle exercé par l'Etat sur les collectivités locales décentralisées.

Lorsqu'un dommage a été causé à un tiers par un acte pris par l'autorité de tutelle, la responsabilité de ladite autorité ou de la collectivité décentralisée dépend du procédé de tutelle employé.

Si l'autorité de tutelle agit pour le compte de la collectivité sous tutelle grâce à la technique de substitution, c'est cette dernière qui répond du dommage. La collectivité sous tutelle dispose dans ce cas d'une action récursoire contre l'Etat en cas de faute lourde commise par son représentant.

Lorsqu'au contraire, l'exercice de la tutelle ne s'analyse pas en substitution, la responsabilité incombe à l'autorité de tutelle.

PARAGRAPHE II : LES REGLES D'INDEMNISATION

A- Formes de l'indemnisation

En droit administratif, le principe est l'indemnisation en argent parce que le juge ne pouvant adresser les injonctions à l'Etat, ne peut prononcer contre ce dernier que des condamnations pécuniaires. L'indemnité accordée par le juge à la victime peut consister soit en capital, soit en une rente. En règle générale, le juge accorde une indemnité en argent pour les dommages causés aux biens, et une indemnité en capital ou en rente pour les préjudices occasionnés à une personne.

B. Caractères de l'indemnisation

L'indemnisation accordée à la victime a pour but la « réparation intégrale » du préjudice subi. Il s'agit de repérer « le préjudice », « tout le préjudice », « mais rien que le préjudice ».

Ce principe a trouvé une application concrète en matière de fonction publique avec le problème des fonctionnaires illégalement révoqués qui sont par la suite réintégrés dans leurs fonctions.

La jurisprudence camerounaise en la matière a connu une évolution en dents de scie. Pendant longtemps, cette indemnité accordée au fonctionnaire illégalement sanctionnée était égale au total du traitement qu'il aurait perçu s'il était resté en activité.

Arrêt n°192/CCA du 05.12.1952 ; Dame REGNAULT veuve OLIVIER C/administration du Territoire.

« Considérant ...que lorsque le désinvestissement de a fonction provient du fait de l'Administration, notamment au cas d'une suspension illégale ou d'un déplacement d'office irrégulier, l'agent a droit au traitement, bien qu'il n'ait pas exercé effectivement la fonction pendant tout le temps que subsiste l'empêchement ».

Voir aussi *arrêt n°277 JCCA du 27.1.1954 ; YEM MBACK Pierre c/Administration du Territoire.*

Par la suite, cette jurisprudence fut abandonnée. Reprenant les dispositions de l'arrêt DEBERLES (C.E.7.4.1933.Rec.439). Il fut désormais admis que tout fonctionnaire illégalement sanctionné voire révoqué et par la suite réintégrée dans ses fonctions n'aurait droit qu'au versement d'une indemnité destinée à couvrir le préjudice réellement subi par lui du fait de la sanction qui l'a frappé. Cette indemnité réparant le préjudice subi était calculée en tenant compte d'une part des ressources que le fonctionnaire a pu se procurer par son travail, durant la période d'inactivité consécutive à la sanction encourue.

Arrêt n°201/CFJ/CAY du 18.8.1972 ; Dame MACKONGO Agnès Flore c/Etat Fédéral du Cameroun et Etat fédéré du Cameroun Oriental.

« Considérant...qu'il est de principe établi en jurisprudence administrative qu'en l'absence de service fait, l'agent public privé irrégulièrement de ses fonctions n'a pas droit au traitement qu'il aurait perçu s'il était resté en fonction, mais peut prétendre à une indemnité tenant compte de toutes les circonstances de l'espèce...

Que compte tenu de l'irrégularité qui entachait la décision attaquée... l'allocation de 25% par mois de la rémunération..., pendant toute la période de suspension de sa solde paraît pouvoir réparer suffisamment le préjudice subi par la demanderesse. »

D'autre part, cette indemnité tenait compte de l'importance respective des fautes commises par l'Administration et son agent. Par la suite cette jurisprudence fut abandonnée. En effet, à travers toute une série de décisions jurisprudentielles étalées dans le temps, on a eu l'impression que les juges étaient revenus à l'ancien système de rappel intégral du traitement puisque pour ces derniers l'absence de service fait ne justifie pas le non paiement du traitement d'un agent dès lors qu'il est démontré qu'une telle situation est imputable à l'Administration.

C'est ainsi que dans une première espèce BELINGA ZE Thomas du 23.2.1979, le juge condamne l'Etat à verser à l'intéressé « une indemnité équivalente à son traitement » ; au motif que si ce dernier n'a exercé aucun emploi de son grade, c'est uniquement à cause de l'Etat.

Dans une seconde espèce ATANGANA ELOUNDOU Cyprien du 31.5.1979 il revient sur la même position en déclarant :

« Considérant que... la mise à la retraite de façon précipitée de l'intéressé lui a effectivement fait perdre neuf mois de son traitement net qui était le 76178 FCFA par mois ; qu'il y a lieu de condamner l'Etat à verser à l'intéressé une indemnité équivalente à ces neuf mois de solde, soit le montant de 685 602 FCFA.

Dans une troisième espèce NJIKIAKAM TOWA Maurice du 30.7.1981 le juge se réfère toujours à l'expression « indemnité compensatrice réparant la totalité du préjudice subi ».

« Attendu que la chambre administrative de la Cour Suprême a estimé que le préjudice matériel subi par NJIKIAKAM s'analysait en la privation du traitement de l'intéressé par la faute de l'administration qui l'a mise en état de ne pas exercer ses fonctions à la suite d'actes irréguliers.

Attendu qu'en exécution de la décision de la chambre Administrative NJIKIAKAM a produit aux débats des bulletins de solde, l'un de décembre 1977, l'autre de décembre 1978.

Attendu qu'il résulte de ces pièces que le dernier traitement perçu par le requérant date de décembre 1977, ce qui , à ce jour, fait 31 mois que NJIKIAKAM M.TOWA Maurice a été rayé des contrôles sur le plan de solde.

Que cette solde était en décembre 1978 de 178 779 FCFA qu'ainsi, avec les réajustements des traitements intervenus en février 1981, la Cour estime la réparation due au requérant à la somme de 6000000 FCFA.

Enfin dans une quatrième espèce METOU Josué du 30.6.1983 ; le juge confirme de manière éclatante cette évolution jurisprudentielle.

« Attendu qu'il est incontestable que METOU a subi un préjudice certain du fait de son brusque licenciement alors et surtout qu'il était âgé de 45 ans donc pouvant encore travailler pendant 5 ans avant son admission à la retraite et qu'il est père de 24 enfants.

Qu'il y a par conséquent lieu de lui allouer 171.593 FCFAx12x5 =10295580 FCFA. ».

Mais dans une espèce *EDZOA Georges Maurice (jugement n°12/CS/CA du 24 février 1994).* Les juges reviennent sur la jurisprudence Dame MACKONGO Agnès Flore. En effet, il est clairement affirmé ce qui suit :

« Attendu qu'en cas de l'annulation de la révocation par la juridiction, il est reconnu au fonctionnaire un droit à indemnité correspondant au préjudice subi du fait de la mesure illégale et qui tient compte, notamment des revenus qu'a pu procurer au

fonctionnaire l'exercice d'une activité privé durant la période d'éviction du service ; qu'en l'espèce cette indemnité s'analyse par l'ensemble des éléments de la rémunération qui était servie à EDZOA avant sa révocation ».

Peut-on parler ici d'un cas d'espèce, d'un arrêt isolé qui semble ignorer toute l'évolution jurisprudentielle antérieure ?

C. Date d'évaluation du préjudice

En théorie, le juge, pour évaluer le préjudice souffert par la victime, devrait logiquement se placer au jour de la réalisation du dommage. C'était la solution ancienne. Elle a été par la suite abandonnée parce qu'elle lésait les droits de la victime.

C'est le phénomène de la dépréciation monétaire qui a motivé ce revirement de jurisprudence. La victime subissait, en effet, les inconvénients de la lenteur, de la procédure et recevait par conséquent une indemnité en monnaie dépréciée. Le juge administratif camerounais à l'instar de son homologue français, a adapté sa jurisprudence à l'évolution monétaire et opéré une distinction entre les dommages causés aux biens et ceux causés aux personnes.

1. Pour les dommages causés aux biens

C'est la solution traditionnelle qui prévaut toujours. L'évaluation de l'indemnisation se fait toujours au jour de la réalisation du préjudice. On estime en effet, et cela à juste titre, que la victime a pu normalement procéder à la réparation du dommage au moment où celui-ci a été causé. Mais si pour des raisons précises et valables, la victime n'a pu procéder à la réparation ou au remplacement du bien au moment où le préjudice s'est produit, la date d'évaluation sera différée.

Arrêt n°163/CCA du 12.12. 1952 ; NDINGUE Jean C/Territoire du Cameroun.

« Considérant qu'il est nécessaire pour évaluer le montant du préjudice subi de se placer à la date où la victime aurait pu effacer les conséquences matérielles du dommage, c'est -à- dire au 31 janvier 1951, soit le lendemain de l'accident au moment où le véhicule avait été retiré de la rivière.

Considérant ainsi, qu'il appartenait à l'intéressé, dès qu'il a eu connaissance de l'accident de prendre des mesures de sécurité et de procéder au remorquage du véhicule jusqu'au centre urbain le plus proche où il aurait pu aisément recourir au service des hommes de l'art pour déterminer le montant de la réparation ainsi que le coût de la dépréciation ».

2. Pour les dommages causés aux personnes

La date d'évaluation de l'indemnisation est celle du prononcé du jugement. Mais si le retard dans la fixation de l'indemnité est imputable à la victime, l'évaluation du préjudice se fait au jour où celui-ci aurait pu être réparé.

D. Les intérêts

L'indemnité accordée par le juge à la victime porte des intérêts à compter du jour où le requérant a demandé réparation à l'administration. On les qualifie d'intérêts moratoires ; *Arrêt n0113/CFJ/SCAY du 8.12.1967 ; TCHANY Jean c/ Etat du Cameroun Oriental.*

Ceux-ci ne compensent que le retard normal mis par un débiteur, en l'occurrence ici la personne publique à s'acquitter de sa dette.

L'article 1153 du code Civil autorise les créanciers à réclamer à leurs débiteurs des dommages-intérêts dits compensatoires, distincts des intérêts moratoires, mais qui s'ajoutent à eux, lorsque, par mauvaise volonté caractérisée, l'administration apporte un retard anormal à l'acquittement de sa dette. Cet article du code civil est repris et appliqué par les juridictions administratives.

CHAPITRE II
LES RAPPORTS ENTRE LA RESPONSABILITE DE L'ADMINISTRATION ET CELLE DES AGENTS

Ces rapports sont guidés par deux principes fondamentaux.

1. En droit administratif Camerounais, la personne morale de droit public ne répond de l'action de son agent que dans l'hypothèse d'une faute personnelle commise par celui-ci dans le service ou à l'occasion du service. Elle répond de cette action devant les tribunaux de l'ordre judiciaire qui appliquent les règles de droit privé.

2. Cette personne morale de droit public, après avoir indemnisé la victime du dommage, a la faculté d'exercer une action récursoire à l'encontre de son agent auteur d'une faute personnelle. Cette action récursoire s'est toujours exercée à travers le procédé de l'ordre de recettes.

Le juge administratif camerounais, s'il opère la distinction faute personnelle, faute de service, n'applique pas comme c'est le cas en droit Français la jurisprudence du cumul de responsabilité en cas de faute personnelle commise hors du service, mais non dépourvue de tout lien avec ce dernier.

Arrêt n°8/CFJ/AP du 16.3.1967 ; Georges BIAU et compagnie d'assurances générales c/Etat du Cameroun.

Les faits :

« Le 1er décembre 1955, une collision se produisait entre un camion de marque DODGE, immatriculé 6143-c3 appartenant au Sieur BIAU et conduit par son chauffeur POUWA, et un pick-up Chevrolet 278-03, propriété de la chambre de commerce de Douala, mais confiée au service du conditionnement de Douala (Service placé sous la direction du service de l'agriculture), conduite par OLEMBA, chauffeur du service du conditionnement, au cours de laquelle dame ROULEAU fut blessée. L'accident s'était produit au cours d'un dépassement du camion de BIAU par le pick-up du service de conditionnement dans laquelle se trouvait dame ROULEAU.

Le Tribunal Correctionnel, puis la Cour d'appel de Yaoundé saisis, estimèrent que l'accident et les blessures qui en sont résultées pour la dame ROULEAU incombaient aux chauffeurs de ces véhicules, les condamnait tous deux pénalement, et, sur l'action civile, les condamnait solidairement à payer 720 000 CFA de dommages-intérêts à la dame ROULEAU, partie civile, déclarait Mr BIAU civilement responsable de son chauffeur et partageait cette responsabilité entre les deux chauffeurs, à raison du tiers à la charge du sieur BIAU et de 2/3 à celle du service du conditionnement.

Georges BIAU et sa compagnie d'assurances ayant réglé dame ROULEAU en raison de la condamnation solidaire, la somme de 832110 FCFA, exercèrent par recours introduits en date des 10 février et 12 mai 1960 auprès du greffe du Tribunal d'Etat une action récursoire contre l'Etat du Cameroun en prétendant qu'il était le seul responsable de l'accident survenu et demandait la condamnation de celui-ci à leur rembourser ladite somme.

L'Etat du Cameroun refusa de faire droit à sa requête au motif que la faute reprochée au chauffeur OLEMBA Pierre et au sieur BIAU était détachable du service parce que dame ROULEAU au moment des faits, utilisait le véhicule du service du conditionnement à des fins purement personnelles.

La Cour retint cette argumentation.

« Attendu que l'accident, des suites duquel dame ROULEAU a souffert de blessure est survenu au cours d'un déplacement personnel effectué dans un véhicule utilitaire mis à la disposition pour les besoins de service que dirigeait le mari de la victime.

Attendu... qu'en utilisant dans ces conditions, (utilisation pour des fins étrangères au service les moyens de transport mis à la disposition des agents par l'administration) le véhicule du service du conditionnement, le sieur BIAU et le chauffeur du véhicule ont commis une faute personnelle détachable du service et que l'Etat ne saurait être déclaré responsable des dommages qui en sont résultés ».

La responsabilité de l'administration ne se trouve donc engagée qu'en cas de faute personnelle commise dans le service. Edouard LAFERRIERE dans ses célèbres conclusions sous l'arrêt LAUMONIER CARRIOL a écrit que la faute personnelle révèle « l'homme avec ses passions, ses faiblesses, ses imprudences ». Et c'est l'arrêt du T.C 30 Juillet 1873, PELLETIER qui a opéré la distinction faute personnelle, faute de service pour déterminer la juridiction compétente.

Dans l'hypothèse d'une faute personnelle commise dans le service ou à l'occasion du service, il y a mise en œuvre de la responsabilité de l'administration à travers le mécanisme de substitution de responsabilité. Celle-ci répond de cette responsabilité devant les juridictions de l'ordre judiciaire qui appliquent les règles de droit privé.

T.*G.I du Mfoundi 6.11.1985 ; NKONDOCK Emile Valentin et Mme NKONDOCK née NGO BOUMSONG c / Dr ASHU NGANG Paul, et Ministère de la santé publique.*

Les faits sont les suivants :

Le 20 Octobre 1979, son épouse donnait naissance à une fille à la maternité Tarnier de l'hôpital Central de Yaoundé.

Le 22 Octobre de la même année, à la suite d'un saignement prolongé, elle était revenue en consultation au cours de la quelle un interne de 5è année de médecine décida qu'un curetage soit fait, le saignement observé laissait suspecter des restes de débris placentaires dans l'utérus.

Un rendez-vous fut fixé pour le 23 Novembre 1979 au cours duquel elle fut reçue par le docteur ASHU NGANG Paul qui la confia à l'infirmier major Jean Marie pour procéder au travail préparatoire, puis vint ensuite procéder au curetage.

Son état ne cessant de s'empirer, le Dr ASHU NGANG fit appel au Docteur SENDE Pierre, gynécologue spécialiste pour une intervention chirurgicale qui eut lieu aux environs de 18H ; L'opération consista en :

- Une réparation de la perforation de l'utérus déchiré au moment du curetage effectué par le docteur ASHU.

- Une ligature des trompes, l'utérus ainsi attaqué ne pouvant plus jamais supporter une grossesse.

- Enfin la patiente a été hospitalisée pendant 2 semaines et a eu un repos médical d'un mois.

Pour Mr KONDOCK Emile Valentin, il s'avère que régulièrement admise à un établissement hospitalier de l'Etat, sa femme a été victime d'un accident, constitué par la perforation de l'utérus, qui dépasse de loin l'aléa généralement admis pour les actes médicaux de ce genre.

Il estime que cet acte décrié constitue une faute de service grave qui fait subir à son épouse et à lui-même des préjudices de deux ordres.

- Des préjudices d'ordre matériel constitués par l'achat de médicaments pour une valeur de 222 124 FCFA ; l'allaitement artificiel du bébé pour un montant de 281 250 FCFA et enfin sa ration alimentaire pendant 11 jours.

- Des préjudices d'ordre moral et esthétique qui s'analysent en :

- Tout espoir de procréer est désormais ôté,
- Des douleurs physiques occasionnées par la perforation de l'utérus et une immobilisation de deux mois,
- Le dernier né n'a tété sa mère que pendant un mois. Cette situation a entraîné une débilité très grave,
- Des séquelles physiologiques,
- Enfin sa femme a perdu toute sa forme et toute sa force, devenant par là une grande infirme.

Appelé à statuer sur la question, le tribunal décide :

Sur la responsabilité du médecin :

« Attendu que la perforation de l'utérus de Dame NKONDOCK et des multiples préjudices par elle subis, ne peuvent résulter que de la faute d'imprudence, de négligence du médecin qui a cru devoir reprendre un travail effectué par un médecin sans toutefois s'assurer que cet infirmier n'avait pas correctement fait son travail et sans toutefois s'assurer des risques qu'une telle reprise pouvait engendrer ;

Qu'il y a en conséquence lieu de les déclarer responsables en application de l'article 1382 du Code civil.

Sur la responsabilité civile de l'Etat représenté par le Ministère de la santé.

Attendu qu'au moment des faits, le docteur ASHU NGANG Paul était au service de l'Etat et plus précisément à la maternité principale de Yaoundé.

Qu'il y a lieu de déclarer le ministère de la santé, son employeur, civilement responsable du fait de son préposé.

Par ces motifs

Statuant publiquement, contradictoirement en matière civile et en premier ressort ;

Reçoit la demande de Dame NKONDOCK née NGO BOUMSON Catherine, la déclare fondée ;

Déclare l'Etat du Cameroun civilement responsable du fait du docteur ASHU NGANG Paul ;

Dit que l'Etat du Cameroun pris par l'organisme du ministère de la Santé interviendra pour couvrir son préposé ASHU NGANG PAUL à l'occasion du paiement des préjudices soufferts, par le couple NKONDOCK ».

C.S/A.P n°12 du 13 octobre 1994 POUNGOUE Flaubert, DIBONG Siegfried et ONPC c/Ministère Public KILEN et autres.

Cette substitution de responsabilité ne joue que dans la mesure où l'auteur du dommage possède la qualité d'agent d'une personne morale de droit public. L'agent est pris ici dans un sens large puisqu'il englobe aussi bien les fonctionnaires, les contractuels, les auxiliaires ainsi que les collaborateurs de l'Administration.

Arrêt n°28/CCA du 11.Août 1950.NLEM MBONEZON c/administration du territoire.

Arrêt n°645/CCA du 6.9.1957. KWANG ESSIANE c/ Etat du Cameroun.

CHAPITRE III
LA RESPONSABILITE DE L'AGENT

Il s'agit d'une double responsabilité, à savoir la responsabilité de l'agent vis-à-vis de la victime d'une part, et la responsabilité de l'agent vis-à-vis de l'Administration.

SECTION I : LA RESPONSABILITE DE L'AGENT VIS-A-VIS DE LA VICTIME

Celle-ci était difficilement admise au début. On peut même affirmer que c'est le principe contraire, à savoir l'irresponsabilité des fonctionnaires et agents publics qui se trouvait érigé en dogme. C'est du moins la conclusion que l'on a pu tirer à la lecture de l'arrêt *n°370/CCA du 03.09.1955. ESSINDI ESSAMA c/ Administration du territoire.*

Faits :

Le 1er mai 1952, le sieur NGOUMOU Thomas, agent de l'Administration, employé à la subdivision de Yaoundé, conduisait un véhicule appartenant à l'Administration du territoire et dont la garde était confiée à la subdivision de Yaoundé lorsque, parvenu au niveau du carrefour warda, il se rabattit brusquement sur sa droite et heurta violemment MBIDA ESSINDI qui circulait à bicyclette dans la même direction. Ce dernier fut projeté sur la chaussée, écrasé par les roues avant du véhicule et traîné par celui-ci sur une longueur de 15 mètres. La victime relevée par des témoins et admise à l'hôpital devait décéder le même jour des suites de ses blessures.

L'instruction put établir que la faute incombait entièrement au chauffeur NGOUMOU, qui effectuant un transport sur l'ordre de son supérieur hiérarchique, roulait à une allure excessive, à une heure de la journée où la circulation sur la voie publique est pratiquement intense, qu'il se trouvait au surplus en Etat d'ébriété.

Traduit devant le Tribunal correctionnel de Yaoundé, il fut condamné le 29.12.1952 à quinze mois d'emprisonnement pour homicide par imprudence et en paiement de la somme de 600.000 FCFA à titre de dommages-intérêts envers le sieur ESSINDI ESSAMA qui s'était constitué partie civile.

Par arrêt en date du 10/6/1953 passé en force de chose jugée, la Cour d'appel réduisait la peine de prison en la portant à un an, mais se déclara incompétente en ce qui concerne les réparations civiles au motif que l'accident était dû au fonctionnement d'un service public, et que dès lors la responsabilité du territoire se trouvait engagée.

Le défenseur du territoire soutint le contraire et affirma que le préposé de l'Administration ayant commis plusieurs fautes détachables de sa fonction, la responsabilité de la puissance publique se trouvait dégagée.

Les juges administratifs rejetèrent cette argumentation en ces termes :

« CONSIDERANT qu'un pareil raisonnement est absolument erroné et se trouve infirmé aussi bien par la jurisprudence constante du Conseil d'Etat que par le tribunal des conflits.

CONSIDERANT en effet qu'aux termes de cette jurisprudence, la puissance publique est entièrement responsable vis-à-vis des victimes du préjudice causé par les fautes, même personnelles, commises pendant le service ou à l'occasion de celui-ci par les agents de l'administration. Que si des actions récursoires de l'administration contre les fonctionnaires sont prévues par différentes lois..., en règle générale le Conseil d'Etat a toujours affirmé l'irresponsabilité pécuniaire des fonctionnaires et agents de l'administration.

CONSIDERANT que s'il est établi, d'une part, que l'accident est imputable à des fautes de service comme par exemple : vitesse excessive, fausse manœuvre, état d'ivresse du conducteur, absence de permis de conduire, etc. ; et, d'autre part, qu'aucune faute ne peut être reprochée à la victime, la puissance publique doit supporter intégralement les conséquences dommageables de l'accident, sauf son recours contre le conducteur de la voiture pour autant que ledit accident engage la responsabilité personnelle de ce conducteur.

CONSIDERANT...que dans le cas de l'espèce, les chefs de NGOUMOU qui ont confié à celui-ci le véhicule alors qu'il se trouvait en état d'ivresse ont commis également une faute de service.

QU'enfin et suivant une jurisprudence aujourd'hui constante, la circonstance que le fonctionnaire a été poursuivi par le Procureur de la République et condamné pour homicide par imprudence ne saurait en ce qui concerne les réparations pécuniaires réclamées par la victime, justifier la compétence de l'autorité judiciaire, compte tenu de ce que suivant le principe général admis en la matière, les tribunaux de l'ordre judiciaire ne peuvent apprécier la responsabilité de la puissance publique.

QUE dès lors, c'est à tort que le défenseur du territoire a dénié la responsabilité de l'administration dans ledit accident et a estimé que le conseil n'avait pas à se prononcer sur le recours déposé par ESSINDI ESSAMA ».

(Administration condamnée)

Cet arrêt pose les principes suivants :

Il confère au juge administratif compétence pleine et exclusive pour connaître de la responsabilité de la puissance publique et des rapports qui peuvent en découler entre l'agent et l'administration (réception et confirmation des règles posées par la jurisprudence française : (Arrêts MORITZ T.C.26 mai 1954, rec. 708 ; S. 1954.385, concl. Le Tourneur ; Dalloz.1955. 385, note Chapus - C.E. section 22 Mars 1954, JEANIER, rec. 196, concl. Kahn ; A.J. 1957. II. 1986, chr. FOURNIER ET BRAIBANT).

Il consacre l'irresponsabilité pécuniaire de l'agent public qui est érigée en principe alors que l'admission de celle-ci est plutôt l'exception.

Il admet difficilement le partage de responsabilité pécuniaire même dans l'hypothèse de fautes concurrentes (fautes personnelles - fautes de service), il n'y a pas partage de responsabilité ; la personne publique supporte seule la charge de la réparation sans possibilité d'une action récursoire ; d'où rejet des principes posés par les arrêts LARUELLE et DELVILLE. C.E. Ass. 28 Juillet 1951, rec. 464 R.D.P 1951.1087, note M. Waline.J.C.P. 1952. II.6734, note Eisenmann.)

Il faudra attendre l'année 1963 et plus précisément un arrêt n°279/T.E. du 11 mai 1963 ; Sieur NKOA NDI Sylvestre c/ Etat du Cameroun pour que la responsabilité de l'agent vis-à-vis de la victime soit reconnue. Mais il importe de souligner que ladite responsabilité n'est engagée qu'en cas de faute personnelle commise dans le service.

L'Etat doit être attrait devant le juge judiciaire qui à l'occasion applique des règles de droit privé. Ce schéma dérive de la loi du 19 novembre 1965 portant réforme du contentieux administratif. Ce dernier texte s'inspirait largement de la loi française du 31 Décembre 1957 relative à la réparation des dommages causés par les véhicules. En effet, les circonstances dans lesquelles se produisaient les accidents de véhicules (que ceux-ci soient le fait de véhicule administratif ou privé) étaient analogues. Il était anormal comme c'était jusqu'alors le cas que les conditions de réparation ne soient pas identiques elles aussi. Le législateur français y remédiera par la loi de 1957 qui unifia ce contentieux et attribua compétence exclusive à la juridiction judiciaire pour connaître des préjudices de toute nature causés par un véhicule quelconque. Le même texte ajoute : « l'action doit être jugée conformément aux règles de droit civil et la responsabilité de l'Administration est substituée automatiquement à celle de son agent ».

C'est ce système qui ne vaut en France que pour les accidents occasionnés par les véhicules, qui a fait l'objet d'une réception et d'une généralisation au Cameroun par le biais de la loi du 19 Novembre 1965. Après avoir procédé à une énumération des matières qui ressortissent à la compétence du juge administratif, l'article 1 4 de cette loi dispose :

« Les tribunaux de droit commun connaissent, conformément au droit privé, de toute autre action ou litige, même s'il met en cause les personnes morales énumérées au paragraphe 1er (c'est-à-dire les personnes morales de droit public) ; La responsabilité de ladite personne morale étant à l'égard des tiers substituée de plein droit à celle de son agent auteur des dommages causés, même dans l'exercice de ses fonctions ».

Les dispositions de ce texte ont été successivement reprises par l'article 14 de la loi du 14 juin 1969 fixant la composition, les conditions de saisine et la procédure devant la Cour Fédérale de justice statuant en matière administrative et par l'article 9 de l'ordonnance du 26 août 1972 fixant l'organisation de la Cour Suprême. Ce système repose sur trois règles essentielles :

- Il confère aux juridictions de l'ordre judiciaire compétence pleine et exclusive pour connaître de l'action de la victime du dommage.

- Il implique l'application des règles de droit privé ;

- Il y a substitution de responsabilité de l'Administration à celle de son agent, auteur du dommage vis-à-vis de la victime. Mais une telle substitution concerne uniquement la responsabilité civile, et non la responsabilité pénale. L'Etat ayant indemnisé la victime du dommage se retourne contre son agent auteur de celui-ci par la technique de l'action récursoire.

CS/CA. 28. 9.1978. Gardien de la paix OWOUNDI Jean Louis

(Accident de circulation ayant entraîné mort d'homme imputable à un fonctionnaire de police pour excès de vitesse.).

Jugement n°94 du 6.novembre 1985. TGI. Du Mfoundi ; Mr. NKONDOCK Emile Valentin et Mme NKONDOCK née NGO BOUMSON c/ Dr. ASHU NGANG Paul et MINSANTEPUB. (Destruction de l'utérus d'une femme consécutive à une faute personnelle commise par un praticien).

SUR LA RESPONSABILITE DU MEDECIN

« Attendu que la perforation de l'utérus de Dame Nkondock et des multiples préjudices par elle subis, ne peuvent résulter que de la faute d'imprudence, de négligence du médecin qui a cru devoir reprendre un travail effectué par un infirmier sans toutefois s'assurer que cet infirmier n'avait pas correctement fait son travail ; et sans toutefois s'assurer des risques qu'une telle reprise pouvait engendrer ;

Qu'il y a en conséquence lieu de le déclarer responsable en application de l'article 1382 du code civil ;

SUR LA RESPONSABILITE CIVILE DE L'ETAT REPRESENTE PAR LE MINISTRE DE LA SANTE

Attendu qu'au moment des faits, le Dr. ASHU NGANG Paul était au service de l'Etat et plus précisément à la Maternité principale de Yaoundé ;

Qu'il y a lieu de déclarer le Ministère de la santé, son employeur, civilement responsable du fait de son préposé ».

SECTION II : LA RESPONSABILITE DE L'AGENT A L'EGARD DE L'ADMINISTRATION

Elle trouve son fondement dans la loi de finance n°61/11/du 14 Juin 1961 qui dispose en son article 21 :

Al 1er : « Les objets et matériels appartenant à l'Etat et qui seront perdus ou détériorés en totalité ou en partie par les détenteurs ou par les utilisateurs, à l'occasion du service ou hors du service, feront l'objet d'une imputation en valeur sur la rémunération, le salaire et le traitement des intéressés.

Al 2 : Cette imputation ne peut être écartée que si les intéressés prouvent que les pertes ou les détériorations ne résultent pas d'un défaut de soins ou de prévoyance de leur part.

Al 3 : Eventuellement, une sanction disciplinaire pourra être prise à l'encontre de ces agents indépendamment de l'imputation en valeur prévue ci-dessus.

Al.4 : Les présentes dispositions sont applicables à tous les agents de l'Etat quels que soient leur mode de rémunération, leur statut, leur grade, leur fonction et leur qualité ».

Ce texte législatif vient ainsi combler une lacune extrêmement préjudiciable au pouvoir public en instituant la possibilité d'une action récursoire de ceux-ci à l'encontre de leurs agents auteurs d'une faute personnelle, donc détachable de l'exercice de leur fonction. Cette loi reçut une première application jurisprudentielle à travers *l'arrêt n°370/T.E du 22.12.1964 ; MBALLA ESSIANE Elie.* Mais son application la plus nette et la plus claire, il faut la trouver dans *l'arrêt n°187/CFJ/CAY MBEDEY Norbert du 29 mars 1972* (Le sieur MBEDEY Norbert a sollicité l'annulation pour excès de pouvoir, des ordres de recettes émis à son encontre par le Ministre des Finances pour perte (« négligence » d'un véhicule administratif et paiement indû des frais de transport de sa légitime épouse).

CHAPITRE IV
L'IRRESPONSABILITE DE L'ETAT DU FAIT DE LA REPRESSION DU TERRORISME

L'accession du Cameroun à la souveraineté internationale a été précédée par de sérieux troubles perpétrés par des groupes qualifiés de terroristes et qui se localisèrent dans certaines parties du pays, en particulier dans les régions de l'Ouest et du littoral. Les exactions commises par ces individus causèrent de sérieux dommages à leurs victimes allant même dans certains cas jusqu'à mort d'hommes.

C'est le cas pour de nombreuses affaires entre autres : *Arrêt n°346/T.E du 8.8.1964 : dame veuve ZAGORIAN c / Etat du Cameroun Oriental : Arrêt n°349/T.E. du 8 Août 1964. Dame veuve TSOFLIAS c /Etat du Cameroun*, etc.…D'un autre côté, les autorités administratives, dans le souci légitime d'assurer la sécurité des habitants, furent amenées à prendre des mesures préventives qui eurent pour conséquence de provoquer de graves préjudices à certaines catégories de personnes. L'action combinée des terroristes d'une part et des autorités administratives de l'autre donna lieu à un volumineux contentieux pendant devant les tribunaux administratifs, aux répercussions financières extrêmement importantes. Ces recours eussent-ils abouti qu'ils auraient obéré profondément les finances publiques du pays.

En effet, pour un jeune Etat qui venait d'accéder à l'indépendance, faire droit à ces demandes, c'était non seulement l'asphyxier financièrement, mais en plus contribuer au financement des activités terroristes par le canal de l'indemnisation, donc à leur accroissement ; ce qui aurait eu pour résultat de miner l'autorité des dirigeants, déstabilisant ainsi l'Etat. Tirant la conclusion de ce que ces individus, successivement qualifiés de « groupes de combat », « rassemblements armés », « terroristes groupés au sein d'une armée rebelle », visaient à renverser le gouvernement légitime (*Arrêt n°345/T/E du 8.8.1964 ; sieur PAPAMIRMINGIS Jacovis c/Etat fédéré du Cameroun oriental*), le législateur camerounais prit la loi n°64/LF/16 du 26 Juin 1964 relative à la réparation des dommages occasionnés par les terroristes. Ce texte constitue une énorme brèche ouverte dans le bloc de la responsabilité administrative, car il consacre un vaste domaine d'irresponsabilité de l'Etat.

L'article 1er alinéa 1 stipule en effet :

« Est irrecevable, nonobstant toutes dispositions législatives contraires, toute action dirigée contre la République Fédérale, les Etats fédérés et les autres collectivités publiques dans le but d'obtenir la réparation des dommages de toutes natures occasionnés par des activités terroristes pour la répression du terrorisme. »

Ce texte pose les principes suivants :

1- La réparation de ces préjudices est de nature politico-administrative et non juridictionnelle.

Elle est décidée par le Président de la République qui se base non sur la gravité du préjudice subi, ou de la faute commise par l'autorité administrative (que celle-ci soit spéciale et anormalement grave, que celle-là soit une faute lourde compte peu), mais au contraire sur des considérations méta-juridiques en l'occurrence ici politiques.

La loi dispose en effet : « Le président de la République Fédérale peut accorder aux victimes du terrorisme ou de sa répression, particulièrement dignes d'intérêt ou susceptible d'apporter une contribution spéciale au développement économique ou social du pays, des secours, dans la limite des crédits ouverts à cette fin ou une aide sous toute autre forme que ce soit ».

C'est également une réparation sélective qui ignore complètement le principe d'égalité de tous les citoyens devant les charges publiques.

2- La décision du chef de l'Etat bénéficie d'une totale immunité juridictionnelle, puisqu'elle est insusceptible de recours contentieux. Une telle nature conférée à cette décision rappelle étrangèrement la notion de « mobile politique » depuis longtemps abandonnée en France.

3- Cette loi avait un effet rétroactif, puisqu' elle s'appliqua aux instances qui étaient déjà pendantes devant les tribunaux administratifs. A titre d'exemple, *arrêt n°3/CFJ /ASS. Plén. Du 15.3.1967 : Société forestière de la Sanaga c/ Etat du Cameroun Oriental.*

SOUS TITRE II
LE CONTENTIEUX DE L'ANNULATION : LE RECOURS POUR EXCES DE POUVOIR[36]

Le recours pour excès de pouvoir peut se définir comme « un recours tendant à l'annulation d'une décision administrative et fondé sur la violation par cette décision d'une règle de droit ». (J.M. Auby et R.DRAGO, Traité de contentieux administratif, T.2 p.137).

Il s'agit essentiellement d'une action visant un acte administratif et non d'un procès entre parties comme c'est le cas en droit privé.

Jugement n° 51/CS/CA du 29.3.1979 BABA YOUSSOUFA c/ Etat du Cameroun.

«Considérant que le recours pour excès de pouvoir ne constitue pas un procès contre un acte administratif.

Qu'il s'ensuit que, si BABA YOUSSOUFA a été effectivement empêché par la force de sortir de Poli pour aller jouir de son congé dans un lieu de son choix, il ne s'agit pas là d'un acte administratif, mais d'une éventualité constitutive d'une voie de fait relevant de la compétence du juge judiciaire ».

Saisi d'un recours pour excès de pouvoir, le juge vérifie d'abord si les conditions de recevabilité du recours sont remplies (I) avant de se livrer à un examen au fond de l'illégalité alléguée (II).

---

[36] *J.RIVERO ; Le Huron au Palais-Royal, ou réflexions naïves sur le recours pour excès de pouvoir. Dalloz, 1962 Chr.P37-40.*

CHAPITRE I
LES CONDITIONS DE RECEVABILITE DU RECOURS POUR EXCES DE POUVOIR

Ce sont des conditions qui doivent être remplies pour que le juge de l'excès de pouvoir consente à examiner l'affaire du fond.

En France, les conditions qui sont au nombre de quatre tiennent :

- à la nature de l'acte attaqué ;

- à la personne du requérant ;

- aux conditions de forme et de délai ;

- à l'absence de recours parallèle.

Le législateur camerounais pour sa part n'a retenu que les trois premières. Ces conditions qui ont déjà été étudiées (cf. supra) ne seront plus abordées ici.

CHAPITRE II
LES CAS D'OUVERTURE DU RECOURS POUR EXCES DE POUVOIR

Il s'agit des diverses illégalités qui peuvent vicier un acte administratif et entraîner son annulation. Des différentes illégalités sont également connues sous la dénomination « moyens d'annulation ». La doctrine les classe en deux grandes catégories ; la première a trait à la légalité externe de l'acte. On regroupe sous cette rubrique : l'incompétence, le vice de forme et de procédure.

La seconde catégorie est relative à la légalité interne de l'acte ; Il s'agit du défaut de base légale, de la violation d'une disposition légale et du détournement de pouvoir. Un double intérêt s'attache à cette classification. Mais le principal intérêt de cette classification est relatif aux effets de l'annulation. En effet, l'annulation externe en général n'empêche pas l'Administration de reprendre sous des formes extérieures régulières l'acte annulé. Elle ne censure que sur un plan accessoire l'illégalité commise.

Arrêt n° 121/CFJ/CAY du 8.12.1970 : SITAMZE Urbain c/ Etat du Cameroun Oriental.

« Considérant que lorsqu'un acte est annulé pour vice de forme, il peut être refait ; mais à la condition que la procédure régulière soit observée ».

Au Cameroun, ces moyens d'annulation qui ont été énumérés par l'article 2 de la loi n°2006/022 du 29 décembre 2006 vont des illégalités externes aux illégalités internes de l'acte. Il s'agit de :

- le vice de forme (illégalité relative aux formes et procédures) ;

- l'incompétence (illégalité relative à l'auteur de l'acte) ;

- la violation d'une disposition légale ou réglementaire (illégalité relative à l'objet et aux motifs de l'acte) ;

- le détournement de pouvoir (illégalité relative au but poursuivi).

SECTION I : LES ILLEGALITES EXTERNES

PARAGRAPHE I : L'INCOMPETENCE

L'incompétence de l'auteur d'une décision administrative est historiquement le premier des cas d'ouverture du recours pour excès de pouvoir admis par la jurisprudence administrative française. Ce moyen d'annulation reste également le vice le plus grave qui puisse entacher un acte administratif.

L'incompétence signifie qu'une décision n'a pas été prise par l'autorité administrative qui avait qualité pour la prendre. Elle peut être positive ou négative.

- Il y a incompétence positive lorsqu'une décision administrative émane d'une autorité qui n'avait pas légalement compétence pour l'édicter. Cependant, si une décision est revêtue de plusieurs signatures, elle est réputée prise par l'autorité compétente si la signature de cette autorité y figure. Ainsi, une décision qui relève de la compétence d'un Ministre est complètement prise par décret si le Ministre qualifié a contre-signé le décret.

- il y a incompétence négative lorsqu'une autorité administrative invoque à tort son incompétence pour refuser de prendre une décision qu'elle seule a qualité pour prend le défaut de compétence revêt quatre formes : l'usurpation de pouvoir, l'incompétence « ratione materiae », l'incompétence « ratione loci », et l'incompétence « ratione temporis ».

a). L'usurpation de pouvoir

L'usurpation de pouvoir consiste, d'après La Ferrière, « soit à usurper un droit de décision quand on n'en possède aucun, soit à exercer une attribution étrangère à l'autorité administrative en empiétant sur l'autorité législative, judiciaire ou gouvernementale. »

Les cas d'usurpation de pouvoir sont rares. La plupart des empiètements commis par les autorités administratives sur le pouvoir législatif ou judiciaire sont considérés par la jurisprudence comme constituant plutôt des voies de fait.

b). L'incompétence ratione materiae

C'est le cas d'une autorité administrative qui a statué à la place d'une autre. C'est souvent le cas pour l'autorité inférieure qui empiète sur les pouvoirs de l'autorité supérieure et vice-versa.

Arrêt n°678/CCA du 27.12.1957 : Sieur NDJOCK Paul c/ Etat du Cameroun.

« Considérant ... qu'il est de jurisprudence ... qu'une autorité supérieure ne peut pas en l'absence de disposition législatives ou réglementaires le lui autorisant se substituer à une autorité inférieure pour faire un acte que celle-ci est seule habilitée à accomplir ».

c). L'incompétence ratione loci

Il s'agit d'un problème de compétence territoriale, à savoir une autorité administrative qui prend des actes relevant de la compétence territoriale d'une autre autorité administrative.

d). L'incompétence ratione temporis

Il s'agit ici d'une notion assez flou parce que difficile à définir. En effet dans le cadre de la sécurité du commerce juridique, une autorité administrative est en principe investie d'une fonction pour une période bien déterminée. Mais il peut arriver que ladite autorité soit mutée, c'est-à-dire affectée à un autre poste. Pour éviter tout vide juridique, celle-ci en attendant la prise de fonction de son successeur est dans l'obligation d'expédier les affaires courantes. Mais alors, qu'entend t-on par affaires courantes ? *Le Conseil d'Etat Français dans un arrêt du 4 avril 1952, SYNDICAT REGIONAL des QUOTIDIENS d'ALGÉRIE, J.C.P. 1952.II.7138*, a eu à préciser les contours de cette notion.

« Considérant qu'en raison de son objet même et à défaut d'urgence, cet acte réglementaire qui devait, non pas appliquer simplement, mais transposer en Algérie, compte tenu des circonstances locales, le système de la loi du 11 mai 1946 et fixer les règles de droit applicables aux actes individuels de transfert à intervenir ultérieurement, ne peut être regardé comme une affaire courante, si extensive que puisse être cette notion dans l'intérêt de la continuité nécessaire des services publics ».

PARAGRAPHE II : LE VICE DE FORME

« Le vice de forme consiste dans l'omission ou l'irrégularité des formalités des procédures auxquelles était assujetti l'accomplissement de l'acte administratif ».[37] Ces formalités qui sont classées sous la rubrique : procédure administrative non contentieuse, embrassent les domaines divers. C'est ainsi qu'elles ont trait au respect des droits de la défense en matière disciplinaire ;

Jugement n° 71/CS/CA du 13.5.1976 ; BENE BELLA Lambert c/ Etat du Cameroun :

« Considérant qu'il ressort des débats et des pièces versées au dossier que d'une part, les faits reprochés au commissaire BENE BELLA avaient, préalablement à sa traduction devant le conseil de discipline, fait l'objet d'une enquête préliminaire diligentée par le commissaire divisionnaire OKO PETIS assisté du commissaire de police DIBANJO, désigné rapporteur du conseil en violation de l'article 23 de l'arrêté du 31 Octobre 1969... qui prohibe le cumul dans une même affaire des fonctions d'enquêteur disciplinaire a fortiori d'enquêteur judiciaire, et membre à fortiori rapporteur d'un conseil de discipline ».

Si ces formalités ont été instituées pour assurer une plus grande protection des intérêts des administrés, elles risquent cependant dans plusieurs hypothèses d'alourdir, voire même d'entraver le fonctionnement de la machine administrative. Aussi la jurisprudence opère-t-elle une distinction entre les formalités qualifiées de substantielles de celles dites accessoires. Seule la violation d'une formalité substantielle, c'est-à-dire celle « dont l'omission a pu exercer une influence sur la décision intervenue »[38] peut entraîner une annulation ; il en est ainsi lorsqu'un texte imposant de façon explicite la consultation d'un organisme avant toute prise de décision n'a pas été respecté. Arrêté du secrétaire d'Etat à l'enseignement portant exclusion d'un élève de l'école de PITOA sans avoir recueilli au préalable l'avis du Conseil de Discipline prévu par l'article 31 du

---

[37] . A DE LAUBADERE. TRAITE DE DROIT ADMINISTRATIF ; 6è édition n°938.

[38] *Ibid. n°939 et 940.*

décret du 20 Janvier 1966 : *Arrêt n°122/CFJ/CAY du 8 /12/1970. BISSIONGOL C/Etat du Cameroun Oriental.*

Toutefois, il existe des cas où l'omission de la formalité bien que substantielle, ne conduit pas à l'annulation de l'acte irrégulier ; il en est ainsi lorsque l'Administration était dans l'impossibilité matérielle de s'acquitter de la formalité prescrite ; c'est également le cas lorsqu'elle avait compétence liée.

SECTION II : LES ILLEGALITES INTERNES

PARAGRAPHE I : LA VIOLATION D'UNE DISPOSITION LEGALE OU REGLEMENTAIRE

Ce moyen sanctionne toutes les illégalités qui n'ont trait ni à la compétence, ni à la forme, ni au but de l'acte ; c'est-à-dire les « irrégularités relatives au contenu même de l'acte et aux motifs de fait et de droit dont il procède » (Jean RIVERO, Droit Administratif, P.252).

a) Définition

L'Article 2 de la loi n°2006/022 du 29 décembre 2006 qui prévoit ce chef d'illégalité parle de la « violation d'une disposition légale ou réglementaire». Il faut entendre par cette expression la « violation de toute règle qui, en vertu du principe de légalité, s'impose à l'Administration » (G. VEDEL, Droit Administratif, P.592). Au Cameroun ces différentes catégories de règles déjà énumérées vont du sommet de la pyramide au bas de l'échelle : la Constitution, les traités internationaux, la loi et les textes assimilés, les principes généraux de droit, etc.

b). Modalités de la violation de la règle de droit

Cette violation peut intervenir sous différentes formes :

- L'auteur de l'acte a agi en ne tenant aucun compte de la règle.

- L'auteur de l'acte, tout en la connaissant, en a donné une interprétation jugée erronée ; *Jugement n°55/CS/CA. 22.4.1976 : MBARGA Emile c/Etat du Cameroun.*

- Enfin l'Administration a fondé sa décision sur un texte qui ne s'appliquait pas à celle-ci ; C'est ce que la jurisprudence appelle le « manque de base légale ». *Arrêt T.E du 23.12.1960 : NGUENYANG*

Jean c/ Etat du Cameroun Oriental. Dans ces diverses hypothèses, l'Administration commet une erreur de droit.

Il y a également violation de la règle de droit lorsque l'Administration commet une erreur à propos des faits qui motivent sa décision ; lorsqu'elle fonde celle-ci sur les motifs qui se révèlent matériellement inexacts.

Jugement n° 17/CS/CA du 3.2.1977 : MINELI ELOMO Bernard-Marie c/ Etat du Cameroun.

Jugement n°33/CS/CA du 31.3.1977 : KONEBA Samuel c/ Etat du Cameroun :

« Considérant... qu'en conséquence, c'est à tort que le Ministre de la jeunesse et des sports a par décision... du 16 Mars 1976 rapporté partiellement sa première décision... du 1.11.1975 qui a été prise pour sanctionner les faits de cessation temporaire volontaire de service qui se son révélés non juridiquement caractérisées ».

C'est également le cas lorsque la qualification juridique se révèle fausse ».

Arrêt n° 336/T.E du 22.12.1964 : Sieur BIBA Théophile c/ Etat du Cameroun Oriental :

« Considérant qu'en matière disciplinaire, il est de jurisprudence que la juridiction administrative peut examiner les faits reprochés à un fonctionnaire pour savoir s'ils étaient de nature à justifier la sanction prononcée ».

PARAGRAPHE II : LE DETOURNEMENT DE POUVOIR.

Il y a « détournement de pouvoir lorsqu'une autorité administrative accomplit un acte de sa compétence mais en vue d'un but autre que celui pour lequel l'acte pouvait être légalement accompli ».[39]

Arrêt n°120/CFJ/CAY du 8.12.1970, BILAE Jean c/ Etat du Cameroun Oriental.

« Considérant qu'en droit administratif, est entaché de détournement de pouvoir, l'acte accomplit par l'Administration dans

---

[39] A. De LAUBADERE, Traité, OP. Cit. n°946. P.534.

un but autre que celui en vue duquel les pouvoirs dont elle dispose lui ont été confiés ».

Arrêt n°160/CFJ/CAY du 8 Juin 1971 : FOUDA MBALLA Maurice c /Etat fédéré du Cameroun Oriental.

« considérant que l'expropriation pour cause d'utilité publique est une opération administrative par laquelle l'Administration contraint un particulier à lui céder la propriété de son immeuble dont elle a besoin pour la réalisation d'un objet d'intérêt général ; Qu'une expropriation pour cause d'utilité publique peut aussi être faite au profit d'un concessionnaire de service public à la condition qu'elle soit dans le seul but de lui permettre de remplir la mission qui lui a été confiée par le concédant. »

Considérant que sont d'utilité publique les opérations destinées à satisfaire les besoins de l'ensemble de la population d'une collectivité territoriale (Etat, Département ou commune) ou tendant à réaliser un objet d'utilité générale. Mais considérant en l'espèce que la cité, le club et le terrain des sports en projet de construction tendent à servir l'intérêt de quelques particuliers (le personnel de l'E.D.C.) à l'exclusion de l'ensemble de la population de Yaoundé ; Que dès lors ces travaux ne présentent pas le caractère d'intérêt général pouvant justifier une déclaration d'utilité publique. (Annulation du Décret du Premier Ministre pour détournement de pouvoir) ».

Arrêt n°40 du 27.9.1950 : DECAUP c / Territoire du Cameroun.

« considérant que ayant un caractère réglementaire la circulaire du 20 Juin 1946 aurait dû pour être opposable à toute personne, être publiée mais, qu'à défaut de publication, est sans effet sur la validité intrinsèque d'un acte qui est par ailleurs daté et signé.

Considérant qu'ainsi le département de la France d'Outre-Mer a détourné son pouvoir d'interpréter le silence étonnant et sans doute volontaire d'un décret, en l'utilisant à des fins purement financières ».

C'est un contrôle qui porte sur le but poursuivi par l'auteur de l'acte. C'est la raison pour laquelle le Doyen JOSSERAND la qualifiait de « notion téléologique »[40]. Le détournement de pouvoir

[40] *Eod. Loc. n° 959.*

s'apparente ainsi à deux autres notions juridiques voisines que sont celles d'abus de droit et celle de « cause illicite ou immorale ».

A la différence des autres illégalités, le détournement de pouvoir revêt un caractère subjectif ; Il oblige le juge à pénétrer les intentions de l'auteur de l'acte, c'est-à-dire de rechercher les mobiles qui l'animaient. C'est une entreprise difficile dans la mesure où la preuve du détournement de pouvoir est malaisée à rapporter. Aussi, avec le développement de la jurisprudence, le juge administratif a-t-il été amené à privilégier les autres moyens de contrôle par une habile substitution de la notion de « violation de la loi » à celle de « détournement de pouvoir » (G.VEDEL, op.cit.p.603).

SECTION III : LES EFFETS DE L'ANNULATION POUR EXCES DE POUVOIR

La nature de cette voie de droit qu'est le recours pour excès de pouvoir limite les possibilités du juge. Il n'a le choix qu'entre deux solutions :

- Il rejette totalement le recours parce qu'il est irrecevable (Jugement du 29.3.1979 : BABA YOUSSOUFA c/ Etat du Cameroun) ou mal fondé (Jugement du 26.3.1979 : KEYANFE Jean Robert c/ Etat du Cameroun).

- Il admet le recours et annule totalement ou partiellement l'acte attaqué. En effet, le juge de l'excès de pouvoir se contente de prononcer une annulation pure et simple de la décision litigieuse. Il ne peut adresser des injonctions à l'Administration, ni se substituer à celle-ci pour prendre à sa place un acte régulier ; ex : En ordonnant la nomination d'un agent, le paiement de son traitement, sa réintégration ni la reconstitution de sa carrière.

Arrêt n°97/CFJ/27.1.1970 : ELOUNDOU Martin.

« Considérant qu'il résulte du principe de la séparation des tribunaux administratifs et de l'Administration active, que le juge fut-il administratif, ne peut sans excéder ses pouvoirs, faire des injonctions à l'Administration active. Qu'ainsi dans le cas de l'espèce, la cour n'a pas qualité pour enjoindre à l'administration de reprendre la reconstitution de la carrière du sieur ELOUNDOU

Martin ; Qu'à fortiori, elle ne peut se substituer à l'Administration pour procéder à ladite reconstitution de carrière ».

- Le juge de l'excès de pouvoir prononce une simple annulation. Ce peut être une annulation totale.

Arrêt n°34/CFJ/SCAY du 30.4.1968 ; TOKO Daniel c / Etat du Cameroun Oriental.

«Considérant que la légalité d'un acte administratif est conditionnée au premier chef par l'exactitude matérielle des faits qui lui servent de base ;

Que dès lors, toute décision fondée sur un fait inexact, donc sur une cause juridique inexistante, encourt l'annulation comme entachée d'excès de pouvoir. »

- Ce peut-être une annulation partielle.

Arrêt n° 145/T.E. du 19 Mai 1961 : Sieur MATIP Benjamin c / Etat du Cameroun.

« Considérant que c'est donc par une inexacte interprétation du texte susvisé que l'arrêté attaqué a, dans son article 2, décidé que, pendant la durée de sa suspension, le requérant ne percevrait que des prestations familiales. Que ledit article 2 doit, en conséquence, être annulé. »

Cependant le juge de l'excès de pouvoir a cette particularité qu'il peut sauver des actes administratifs grâce à la technique de « substitution de motifs ». Cette substitution de motifs peut prendre deux formes :

- D'une part, il peut procéder à une véritable substitution de motifs, ce qui se traduit par le fait que la décision du juge remplace un motif erroné par un autre motif pouvant justifier la décision entreprise :

Arrêt n°82/T.E. 19.2.1960 ; Sieur DJOM Pierre c/ Etat du Cameroun.

« Considérant qu'il est de jurisprudence que si une décision administrative explicitement motivée par les motifs juridiquement erronés qui la font apparaître, à première vue illégale aurait pu, en fait, être régulièrement prise pour d'autres motifs dûment établis, le tribunal saisi de la demande d'annulation peut, en substituant par la

pensée les motifs légaux aux motifs erronés, dire que la décision est en réalité parfaitement valide. »

1- Effets de l'arrêt de rejet

Il ne provoque aucun changement sur l'état antérieur du droit puisque les recours contentieux n'ont pas d'effet suspensif ; l'acte administratif a donc toujours reçu application. L'arrêt de rejet vient renforcer la validité de cet acte en mettent fin à son caractère précaire.

L'Arrêt n'a qu'une autorité relative de chose jugée en ce sens que si le même requérant ne peut plus former de recours contre cet acte pour la cause, cette possibilité peut être exploitée par un autre requérant ou pour une autre cause, à la stricte condition de le faire dans les délais.

2- Effets de l'arrêt d'annulation.

L'arrêt d'annulation comporte deux effets :

1). IL a un caractère rétroactif. En effet l'annulation produit ses effets au jour même où l'acte a été pris. L'acte annulé pour excès de pouvoir est censé n'avoir jamais existé. Arrêt n°105/CFJ/SCAY du 8.12.1970 :

Claude HALLE c/ Etat du Cameroun Oriental.

«Considérant qu'en droit administratif l'acte annulé pour excès de pouvoir est réputé n'avoir jamais existé ; qu'il ne doit en conséquence pas être exécuté ; que d'ailleurs l'exécution d'un tel acte constitue une voie de fait de la part de l'Administration ».

2). Il a un caractère absolu. L'arrêt d'annulation bénéficie de l'autorité absolue de chose jugée. L'annulation s'impose à toutes les personnes, même à celles qui n'ont pas été parties à l'instance ; d'où l'expression l'annulation se produit erga omnes.

Il s'agit là des conséquences des annulations contentieuses découlant du recours pour excès de pouvoir. Dans le cadre de cette voie de droit, le requérant agit surtout pour faire respecter la légalité.

Jugement n°8/CS/CA du 29.11.1979. MBOUENDEU Jean de Dieu c/ Etat du Cameroun.

« Attendu que répliquant à ces moyens, MBOUENDEU Jean de Dieu a estimé sur la qualité des élites BANKA que celle-ci est inhérente au caractère objectif du recours pour excès de pouvoir.

Qu'en effet leur recours tend à faire respecter la légalité républicaine ».

CONCLUSION GENERALE

Le contentieux Administratif se définit comme « l'ensemble des règles juridiques qui régissent la solution par voie juridictionnelle des litiges administratifs » (AUBY et DRAGO).

Le législateur Camerounais a opté pour cette voie pour la résolution des différends qui opposent l'Administration aux administrés ; et les juges qui statuent sur les problèmes d'ordre administratif ont dans la plupart des cas tenu compte des réalités de la société Camerounaise dans la prise de leurs décisions.

La doctrine pour sa part se doit de s'arrimer à cette évolution et ce travail s'inscrit dans ce cadre. Il a entendu intégrer toutes les évolutions récentes découlant des lois n°s 2006/016 du 29 décembre 2006 fixant l'organisation et le fonctionnement de la Cour Suprême et 2006/022 du 29 décembre 2006 fixant l'organisation et le fonctionnement des tribunaux administratifs, lesquels textes interviennent après les lois n°s 2004/017 du 22 juillet 2004 d'Orientation de la décentralisation, 2004/018 du 22 Juillet 2004 fixant les règles applicables aux Communes et 2004/019 du 22 juillet 2004 fixant les règles applicables aux régions.

Les deux premiers textes constituent une avancée majeure dans le sens d'une réelle adaptation de la justice administrative à l'évolution de la société Camerounaise. Cela transparaît à travers une volonté affirmée de décentralisation de celle-ci avec la création desdits tribunaux lesquels siègeront au sein des Cours d'Appel implantées aux chefs-lieux des régions (donc un effort indéniable de rapprocher la justice du justiciable avec tout ce que cela comporte comme réduction des coûts des procès administratifs), une réelle spécialisation de ces juges avec l'appel à des personnalités extérieures parce que n'appartenant pas au Corps de la magistrature notamment les professeurs de droit officiant au sein des Universités d'Etat bénéficiant d'une longue expérience pour siéger au sein desdites instances, ce qui, à coup sûr contribuera à conférer plus de crédibilité aux décisions rendues par ces dernières.

41. Gustave Peiser. Contentieux Administratif 9è édition 1995, p208.

ANNEXES

REPUBLIQUE DU CAMEROUN PAIX-TRAVAIL-PATRIE

LOI N°2006/016 DU 29 DECEMBRE 2006
FIXANT L'ORGANISATION ET LE FONCTIONNEMENT DE LA COUR SUPREME

L'Assemblée nationale a délibéré et adopté,
le Président de la République promulgue la loi
dont la teneur suit :

TITRE PREMIER
DISPOSITIONS GENERALES

ARTICLE 1er. La présente loi fixe l'organisation et le fonctionnement de la Cour suprême.

ARTICLE 2. Cour Suprême est la plus haute juridiction de l'Etat en matière judiciaire, administrative et des comptes.

ARTICLE 3. (1) Le siège de la Cour Suprême est à Yaoundé.

(2) Son ressort s'étend sur l'ensemble du territoire national.

TITRE II
DE L'ORGANISATION

CHAPITRE I
DE LA COMPOSITION

ARTICLE 4. – La Cour Suprême est composée :

a) au siège

- d'un Premier Président, Président de la cour Suprême ;
- de Présidents de Chambre ;
- de Conseillers ;
- de Conseillers Maîtres ;
- de Conseillers Référendaires ;
- du Greffier en chef de la Cour Suprême ;
- de Greffiers en Chef de Chambre ;
- de Greffiers ;

b) au Parquet Général

- d'un Procureur Général ;
- d'un Premier Avocat Général ;

- d'Avocats Généraux.

ARTICLE 5. (1) Les membres de la Cour Suprême sont des magistrats relevant du statut de la magistrature.

(2) Toutefois, pour les besoins du service, peuvent être nommés Conseillers ou Avocats Généraux en service extraordinaire à la Cour Suprême, en matière administrative ou des comptes :

a) les professeurs de rang magistral en droit ou en économie des Universités ayant exercé comme enseignants pendant au moins 15 années consécutives ;

b) les avocats inscrits au Barreau du Cameroun et ayant exercé leurs fonctions pendant au moins 20 années consécutives ;

c) Les fonctionnaires de la catégorie A et les cadres contractuels d'administration titulaires d'une maîtrise en droit ayant exercé leurs fonctions pendant au moins vingt (20) années consécutives.

ARTICLE 6. (1) En cas d'empêchement, le Premier Président est supplée par le Président de la Chambre le plus ancien dans le grade le plus élevé.

(2) En cas d'empêchement, le Premier Président est supplée par le Président de section dans le grade le plus élevé.

ARTICLE 7. (1) La Cour Suprême comprend :

- une Chambre Judiciaire ;
- une Chambre Administrative ;
- une Chambre des Comptes ;
- une formation des Chambres Réunies ;
- une assemblée Générale ;
- un Bureau ;
- un Secrétariat Général ;
- un Greffe.

(2) Chaque Chambre comprend :

- des sections ;

- une formation des sections réunies.

ARTICLE 8. La Chambre Judiciaire comprend :

- une section civile ;

- une section commerciale ;

- une section pénale ;

- une section sociale ;

- une section de droit traditionnel.

ARTICLE 9. (1) La Chambre Administrative comprend :

- une section du contentieux de la fonction publique ;

- une section du contentieux des affaires foncières et domaniales ;

- une section du contentieux fiscal et financier ;

- une section du contentieux des contrats administratifs ;

- une section du contentieux de l'annulation et des questions diverses.

(2) Chaque section connaît des appels et des pourvois en cassation relatifs aux matières qui relèvent de sa compétence.

ARTICLE 10. La Chambre des Comptes comprend :

- une section de contrôle et de jugement des comptes des comptables de l'Etat ;

- une section de contrôle et de jugement des comptes des comptables des collectivités territoriales décentralisées et de leurs établissements publics, sous réserve des attributions dévolues aux juridictions inférieures des comptes ;

- une section de contrôle et de jugement des comptes des comptables des établissements publics de l'Etat ;

- une section de contrôle et de jugement des comptes des entreprises du secteur public et para-public ;

- une section des pourvois.

ARTICLE 11. (1) Chaque section est composée :

- d'un président ;
- de deux conseillers au moins ;
- d'un ou plusieurs Avocats Généraux.

(2) La formation de jugement des sections est toujours impaire.

ARTICLE 12. Chaque Chambre est composée :

- d'un président ;
- de conseillers ;
- d'un ou plusieurs Avocats Généraux ;
- d'un greffier en chef ;
- de greffiers.

ARTICLE 13. La formation des Chambres Réunies est composée des Présidents de Section d'une chambre.

ARTICLE 14. Le président de Chambre préside une Section de sa Chambre.

ARTICLE 15. (1) La formation des Chambres Réunies est composée :

- du Premier Président ;
- des Présidents de Chambre ;
- des Présidents de Section.

(2) Toutefois, compte tenu de la nature de l'affaire, le Premier Président peut, par ordonnance, désigner un ou plusieurs Conseillers pour siéger au sein de la formation des Chambres Réunies.

(3) La formation de jugement des Chambres Réunies est toujours impaire.

ARTICLE 16. La formation des Chambres Réunies est présidée par le Premier Président ou, en cas d'empêchement, par le Président de Chambre le plus ancien dans le grade le plus élevé.

ARTICLE 17. (1) La formation des Chambres Réunies ne peut siéger que si tous les membres qui la composent sont présents.

(2) En cas d'empêchement de l'un de ses membres, il est remplacé par un conseiller désigné par le Premier Président.

ARTICLE 18. (1) L'Assemblée Générale de la Cour Suprême est formée de tous les membres de ladite Cour.

Elle est présidée par le Premier président.

(2) Le greffier en Chef de la Cour Suprême assure les fonctions de secrétaire de l'Assemblée Générale.

(3) Le Secrétaire Général de la Cour Suprême assiste, sans voix délibérative, aux réunions de l'Assemblée Générale.

ARTICLE 19. (1) L'Assemblée Générale de la Cour Suprême se réunit sur convocation du Premier Président.

Elle se réunit également sur convocation du Premier Président, à la demande du Procureur Général ou d'un tiers de ses membres.

(2) Les décisions sont prises à la majorité des membres présents et la voix du Président l'emporte en cas de partage.

ARTICLE 20. (1) L'Assemblée Générale examine toutes les questions qui lui sont soumises par le Premier Président, le Procureur Général ou par un tiers de ses membres et relatives au fonctionnement de la Cour Suprême.

(2) Lorsque la Cour Suprême est consultée sur un projet de texte, son avis est émis par l'Assemblée Générale.

ARTICLE 21. Le Bureau de la Cour Suprême est composé :

- du Premier Président ;
- des Présidents de Chambre ;
- du Procureur Général ;
- du Premier Avocat Général ;
- du Secrétaire Général.

ARTICLE 22. Un texte particulier fixe l'organisation administrative de la Cour Suprême, notamment :

- le fonctionnement du Bureau ;
- l'organisation et le fonctionnement du Secrétariat Général ;

- l'organisation et le fonctionnement du Greffe de la Cour Suprême.

ARTICLE 23. (1) Le Premier Président fixe, par ordonnance, les dates et heure des audiences ordinaires de la Cour Suprême, après avis de l'Assemblée Générale.

(2) En cas de nécessité, il fixe, par la même voie, après avis du Procureur Général, la tenue d'audiences supplémentaires.

ARTICLE 24. (1) Le Greffier en Chef de la Cour Suprême et le Greffiers en chef des Chambres sont nommés par décret.

(2) Les autres personnels du greffe sont nommés conformément à leur statut, au texte portant organisation administrative des juridictions et sur proposition du Bureau de la Cour.

ARTICLE 25. (1) avant leur entrée en fonction, les Conseillers et les Avocats Généraux en service extraordinaire prêtent, devant la formation des Chambres Réunies siégeant en audience solennelle, le serment des magistrats prévu par le statut de la magistrature.

(2) Pendant l'exercice de leurs fonctions, ils relèvent, sur le plan disciplinaire, des organes prévus à cet effet par le statut de la magistrature

ARTICLE 26. (1) Les conseillers à la Cour suprême sont répartis dans les Chambres par ordonnance du Premier Président, après avis du bureau.

Toutefois, en cas de nécessité, un Conseiller d'une Chambre peut être désigné pour compléter une autre Chambre.

(2) Les Présidents de section sont désignés parmi les conseillers, par ordonnance du Premier Président, après avis du Bureau de la Cour.

ARTICLE 27. Les Conseillers sont répartis dans les Sections par ordonnance du Président de la Chambre concernée.

Toutefois, un Conseiller peut appartenir à une ou plusieurs sections.

ARTICLE 28. Les greffiers en service à la Cour Suprême sont affectés aux Chambres par ordonnance du Premier Président, sur proposition du Greffier en Chef de la Cour et après avis du bureau.

CHAPITRE II

DU MINISTERE PUBLIC

ARTICLE 29. (1) Les fonctions du Ministère Public près la Cour suprême sont exercées par le Procureur Général et sous son autorité, par les Avocats Généraux.

(2) Le procureur Général affecte les Avocats Généraux aux Chambres.

ARTICLE 30. (1) en cas d'empêchement du Procureur Général, il est supplée par le Premier Avocat Général.

(2) En cas d'empêchement du Premier Avocat Général, il est supplée par l'Avocat Général le plus ancien dans le grade le plus élevé.

ARTICLE 31. (1) Dans les causes importantes, les conclusions de l'Avocat Général sont communiquées au Procureur Général.

(2) Le Procureur Général peut, s'il l'estime opportun, désigner un autre Avocat Général ou porter lui-même la parole à l'audience.

TITRE III

DU FONCTIONNEMENT

CHAPITRE I

DISPOSITIONS LIMINAIRES

ARTICLE 32. (1) La Cour Suprême assure son service du 1er janvier au 31 décembre de chaque année.

(2) Pendant la période du 1er juillet au 30 septembre, la Cour Suprême se trouve en vacances judiciaires ; elle tient des audiences consacrées essentiellement à l'examen des procédures urgentes.

(3) Sont réputées urgentes notamment, les procédures de référé, de pension alimentaire et les demandes de mises en liberté.

ARTICLE 33. (1) Au début de chaque année judiciaire et au plus tard le 28 février, la Cour Suprême tient, sous la présidence du Premier Président, une audience solennelle de rentrée à laquelle assistent également en robe, les Chefs des Cours d'Appel, des juridictions inférieures en matière de contentieux administratif et des juridictions inférieures des comptes.

(2) Le Président de la République peut, sur sa demande, assister à cette cérémonie et, le cas échéant, y faire une communication.

ARTICLE 34. Chaque année, le Premier Président et le Procureur Général adressent au Président de la République, un rapport conjoint sur le fonctionnement de la juridiction et, le cas échéant, sur les difficultés rencontrées dans l'application des textes. Ils peuvent y faire toutes suggestions utiles.

CHAPITRE II

DE LA COMPETENCE

ARTICLE 35. (1) Les cas d'ouverture à pourvoi sont :

a) l'incompétence ;

b) la dénaturation des faits de la cause ou des pièces de la procédure ;

c) le défaut, la contradiction ou l'insuffisance de motifs ;

d) le vice de forme ;

- sous réserve des dispositions de l'article 470(1) du code de procédure pénale, lorsque la décision attaquée n'a pas été rendue par le nombre de juges prescrit par la loi ou l'a été par des juges qui n'ont pas siégé à toutes les audiences ;

- lorsque la parole n'a pas été donnée au Ministère Public ou que celui-ci n'a pas été représenté ;

- lorsque la règle relative à la publicité de l'audience, sous réserve des exceptions prévues par la loi, n'a pas été observée ;

e) la violation de la loi ;

f) la non réponse aux conclusions des parties ou aux réquisitions du Ministère Public ;

g) le détournement de pouvoir ;

h) la violation d'un principe général de droit ;

i) le non respect de la jurisprudence de la Cour Suprême ayant statué en Sections Réunies d'une Chambre ou en Chambres Réunies.

(2) Ces moyens peuvent être soulevés d'office par la Cour Suprême.

ARTICLE 36. Tout acte juridictionnel des juridictions inférieures devenu définitif et entaché de violation de la loi peut être déféré à la Cour Suprême par Le Procureur Général près ladite Cour ;

a) dans le seul intérêt de la loi, à l'initiative de ce magistrat, les parties ne peuvent pas se prévaloir de la cassation intervenue à la suite d'un tel pourvoi ;

b) sur ordre du Ministre de la justice, la cassation intervenue à la suite d'un tel pourvoi produit effet à l'égard de toutes les parties.

Toutefois, en matière pénale, la cassation ne peut être prononcée que dans l'intérêt de la partie définitivement condamnée.

ARTICLE 37. La Chambre Judiciaire est compétente pour connaître :

a) des décisions rendues en dernier ressort par le Cours et Tribunaux en matière civile, commerciale, pénale, sociale et de droit traditionnel ;

b) des actes juridictionnels émanant des juridictions inférieures et devenus définitifs, dans tous les cas où l'application du droit est en cause ;

c) des demandes de mise en liberté en cas de pourvoi recevable ;

d) de toute autre matière qui lui est expressément attribuée par la loi.

ARTICLE 38. La Chambre Administrative est compétente pour connaître :

a) des appels formés contre les décisions rendues en matière de contentieux des élections régionales et municipales ;

b) des pourvois formés contre les décisions rendues en dernier ressort par les juridictions inférieures en matière de contentieux administratif ;

c) des exceptions préjudicielles soulevées en matière de voie de fait et d'emprise devant les juridictions inférieures en matière de contentieux administratif ;

d) de toute autre matière qui lui est expressément attribuée par la loi.

ARTICLE 39. La chambre des comptes est compétente pour :

a) contrôler et juger les comptes de l'Etat et des entreprises publiques et para-publiques ;

b) statuer souverainement sur les décisions rendues en dernier ressort par les juridictions inférieures des Comptes ;

c) donner son avis sur les projets de loi de règlement présentés au parlement ;

d) élaborer et publier le rapport annuel des comptes de l'Etat adressé au Président de la République ;

e) connaître de toute autre matière qui lui est expressément attribuée par la loi.

ARTICLE 40. Le Président de la Chambre des Comptes arrête le programme annuel des travaux de ladite Chambre, après avis du Procureur Général.

Il met en place un comité chargé de préparer le rapport visé à l'article 39 (d) ci-dessus.

ARTICLE 41. (1) La formation des Chambres Réunies connaît :

- des règlements de juges ;

- de l'action en récusation d'un membre de la Cour Suprême ou d'un Président de la Cour d'Appel ;

- des procédures portant sur les questions de principe s'il y a risque de solutions divergentes, soit entre les juges du fond, soit entre les Chambres ;

- des demandes de renvoi d'une juridiction à l'autre pour cause de suspicion légitime ou de sûreté publique ;

- de toute autre affaire prévue par un texte particulier.

(2) a) La formation des sections réunies connaît des affaires renvoyées devant elle, soit par ordonnance du Premier Président, soit par arrêt d'une section.

b) Elle connaît en outre du recours en révision des décisions contradictoires rendues dans les quatre cas suivants :

- lorsqu'il y a eu dol personnel ;

- lorsqu'il a été statué sur des pièces reconnues ou déclarées fausses depuis la décision ;

- lorsqu'une partie a succombé, faute de présenter une pièce décisive retenue par son adversaire ;

- lorsque la décision de déchéance est intervenue sans que le demandeur au pourvoi ait été mis en demeure, soit pour se constituer avocat, soit pour introduire une demande d'assistance judiciaire.

c) Le recours en révision doit être formé dans un délai de trente (30) jours à compter du lendemain du jour de la connaissance de la cause ouvrant droit à révision.

d) La procédure devant la formation des sections réunies est celle applicable devant la Chambre concernée.

CHAPITRE III

DE LA PROCEDURE

SECTION I

DE LA PROCEDURE DEVANT LA CHAMBRE JUDICIAIRE

PARAGRAPHE I

DES FORMES ET DES DELAIS DE POURVOI

ARTICLE 42. En matière judiciaire, le pourvoi est formé, à peine d'irrecevabilité, par déclaration au Greffe de la juridiction dont émane la décision.

ARTICLE 43. (1) La déclaration de pourvoi est faite, soit par le demandeur en personne ou par son conseil, soit par un mandataire muni d'une procuration spéciale dûment légalisée.

(2) a) la déclaration est signée par le Greffier et le demandeur ou son représentant.

b) si le déclarant ne peut signer, il appose son empreinte digitale sur la déclaration.

c) si le déclarant ne peut signer ni apposer son empreinte digitale, mention en est faite par le greffier sur cette déclaration.

(3) La procuration spéciale du mandataire est annexée au récépissé prévu à l'article 46 alinéa 3 ci-dessous.

(4) Nonobstant les dispositions de l'alinéa 1 ci-dessus, la déclaration de pourvoi faite par un mandataire non muni d'une procuration spéciale dûment légalisée est valable si, par la suite, le demandeur a lui-même régularisé son recours, notamment en constituant un avocat, ou en introduisant une demande d'assistance judiciaire dans les délais prévus par l'article 46 (1) ci-dessous.

ARTICLE 44. (1) Le délai de pourvoi en matière pénale est de dix (10) jours francs pour les décisions rendues au fond et de sept (7) jours francs pour les décisions avant dire droit. Ce délai est de trente (30) jours en toutes autres matières.

(2) Le délai prévu à l'alinéa 1er ci-dessus commence à courir, en matière pénale, le lendemain du jour de l'arrêt s'il est contradictoire. Lorsque la signification est prévue, ce délai court à compter du lendemain du jour de la signification s'il est réputé contradictoire et le lendemain du jour où le jugement est devenu définitif lorsqu'il s'agit des décisions rendues en dernier ressort par les tribunaux.

(3) Le demandeur est tenu de verser une taxe de pourvoi de dix mille (10.000) francs ainsi qu'une somme suffisante, à titre de consignation, au Greffe de la juridiction dont émane la décision attaquée.

Sont dispensés du paiement de la taxe de pourvoi :

- l'Etat ;

- les établissements publics à caractère administratif ;

- les collectivités publiques territoriales décentralisées.

(4) La consignation est destinée à couvrir les frais de reproduction du dossier de procédure en autant d'exemplaires qu'il y a de parties plus cinq (5).

(5) Le montant de la consignation est fixé par ordonnance du Président de la juridiction qui a rendu la décision attaquée.

(6) La taxe de pourvoi n'est pas due en matière pénale et en matière socialc.

ARTICLE 45. (1) Lorsque le demandeur est détenu, il peut se pourvoir en cassation, soit par lettre, sous couvert du chef de l'établissement pénitentiaire qui la transcrit dans un registre spécial côté et paraphé par le Président du Tribunal de Première Instance dans le ressort duquel ledit établissement pénitentiaire est implanté, soit par déclaration au Greffe du Tribunal de Première Instance ou de Grande Instance du lieu de sa détention. Dans ce dernier cas et dès la manifestation du désir de faire pourvoi, le chef dudit établissement est tenu de faire conduire le détenu devant le Greffier en Chef dudit Tribunal.

(2) La transcription de la lettre de pourvoi est datée, signée par le chef de l'établissement pénitentiaire et contresignée par le demandeur. Récépissé lui en est délivré sur-le-champ.

(3) Le chef de l'établissement pénitentiaire établit en trois (3) exemplaires un récépissé mentionnant la date du dépôt de la requête et son objet. La date du dépôt de la requête est considérée comme date du pourvoi.

Il en remet sur-le-champ un exemplaire au demandeur. Le deuxième est classé au dossier pénitentiaire de l'intéressé et le troisième annexé à la lettre de pourvoi.

(4) Le chef de l'établissement pénitentiaire transmet cette requête et le troisième exemplaire du récépissé dans les quarante huit heures, par tout moyen laissant trace, au Greffier en Chef de la juridiction qui a rendu la décision attaquée.

ARTICLE 46. (1) Au moment de la déclaration de pourvoi, le greffier notifie par écrit au demandeur qu'il lui appartient de faire parvenir au Greffe, dans un délai de trente (30) jours, à peine de déchéance, soit le nom de l'avocat qu'il a constitué, soit sa demande d'assistance judiciaire s'il estime être en droit de la solliciter. Il doit, à peine d'irrecevabilité, joindre un certificat d'indigence à cette demande.

(2) Le Greffier fait connaître en outre au demandeur, l'obligation d'acquitter , dans le même délai, la taxe de pourvoi ainsi que la consignation visées à l'article 44 alinéa 3 ci-dessus, le tout, à peine d'irrecevabilité de son pourvoi.

(3) a) Le Greffier en Chef qui reçoit la déclaration de pourvoi doit en dresser procès-verbal.

b) Ledit procès-verbal, établi en quatre exemplaires doit contenir, outre la mention de la déclaration de pourvoi, celle de la notification prévue aux alinéas 1et 2 du présent article.

ARTICLE 47. Une expédition du procès-verbal est remise ou adressée au demandeur et au Greffier en Chef de la Chambre Judiciaire de la Cour Suprême. Une autre expédition est adressée au

Greffier en Chef de la juridiction dont la décision est frappée de pourvoi pour mention en marge de la décision attaquée, mise en état et transmission du dossier de procédure au Greffe de la Chambre Judiciaire de la Cour suprême.

ARTICLE 48. (1) Dès réception du pourvoi et dans un délai de quinze (15) jours, le Greffier en Chef de la juridiction dont émane la décision attaquée dénonce le pourvoi au Ministère public et aux autres parties par exploit d'huissier.

(2) Dans un délai maximum de soixante (60) jours à compter de la déclaration de pourvoi, le Greffier en Chef visé à l'alinéa 1er du présent article met le dossier en état de pourvoi et en autant d'exemplaires que de parties plus cinq. Ce dossier contient :

a) l'acte de pourvoi, le procès-verbal visé à l'article 46 (3) ci-dessus, les conclusions et mémoires, le jugement rendu en premier ressort, une expédition de la décision frappée de pourvoi et les notes d'audience de la juridiction.

b) le cas échéant, l'acte d'appel, les conclusions et les mémoires déposés devant le Cour d'Appel, les expéditions des décisions avant-dire-droit ainsi que les pièces constatant l'exécution des mesures d'instruction.

3) En tout état de cause, tous les exemplaires du dossier sont transmis à la Cour Suprême dans le délai prescrit ci-dessus.

PARAGRAPHE II

INSTRUCTION DES POURVOIS

ARTICLE 49. (1) Lorsque l'assistance judiciaire a été accordée, le Premier Président désigne aussitôt, par ordonnance, l'avocat chargé de prêter son concours au demandeur. Le Greffier en chef de la Cour Suprême notifie, sans délai, par exploit d'huissier, l'ordonnance intervenue à l'avocat commis.

(2) En cas d'irrecevabilité ou de rejet de la demande d'assistance judiciaire, notification est faite sans délai au demandeur, comme il est dit à l'alinéa 1 du présent article. Le demandeur dispose, à compter du lendemain de cette notification, d'un délai de quinze

(15) jours pour faire connaître par écrit au Greffier en Chef le nom de l'avocat qu'il a constitué.

(3) Si le demandeur au pourvoi, condamné pour crime, n'était pas défendu par un avocat, le Président de la Chambre lui en désigne un d'office dès réception du dossier au Greffe de ladite Cour.

ARTICLE 50. (1) Pendant le déroulement de la procédure devant la Cour Suprême, le demandeur est considéré comme ayant élu domicile au cabinet de l'avocat constitué ou désigné.

(2) Toutefois, pour la notification prévue à l'article 49 (1), le demandeur est considéré comme ayant élu domicile à l'adresse indiquée sur la demande d'assistance judiciaire. Au cas où l'adresse est imprécise, la notification est effectuée à la mairie de la commune du demandeur ou à son lieu de travail ou au Greffe de la juridiction où le pourvoi a été formé.

ARTICLE 51. (1) Dès réception de l'expédition du procès-verbal visée à l'article 47 ci-dessus, le Greffier en Chef ouvre un dossier.

(2) Le dossier de procédure est enregistré dès réception par le Greffier en Chef. Il communique quatre exemplaires au Président de la Chambre qui les distribue aux membres de la collégialité et au Ministère public. Les autres exemplaires sont mis par le Greffier en Chef à la disposition des parties ou de leurs conseils.

ARTICLE 52. En matière civile et commerciale, avant toute mise en demeure pour production de mémoire, le Greffier en Chef de la Chambre vérifie si la décision frappée de pourvoi a été dûment enregistrée. Dans l'hypothèse contraire, il en informe le demandeur au pourvoi ou son conseil et lui impartit un délai de soixante (60) jours pour faire accomplir les formalités d'enregistrement, sous peine d'irrecevabilité du pourvoi.

ARTICLE 53. (1) Lorsque la décision attaquée a été enregistrée, le Greffier en Chef de la Chambre avise l'avocat constitué ou désigné, par lettre, du dépôt du dossier à son Greffe et l'informe qu'il dispose, à partir de cette notification, d'un délai de trente (30) jours pour déposer au Greffe de ladite Cour, un mémoire ampliatif. Cette lettre est signifiée par voie d'huissier.

(2) Le mémoire ampliatif, dûment timbré par feuillet, doit articuler et développer les moyens de droit invoqués à l'appui du pourvoi.

(3) Si le mémoire ampliatif n'est pas timbré, le Greffier en Chef de la Chambre invite le conseil du demandeur, par lettre signifiée par voie d'huissier, à le régulariser dans un délai de quinze (15) jours, à peine d'irrecevabilité du pourvoi.

ARTICLE 54. (1) Le mémoire ampliatif est déposé au Greffe de la Chambre en autant d'exemplaires qu'il y a de parties au pourvoi plus cinq (5). Le Greffier en Chef de ladite Chambre dresse sur-le-champ procès-verbal de ce dépôt et en délivre expédition sans frais au déposant.

(2) Le délai de dépôt du mémoire ampliatif est prescrit à peine de déchéance et sans préjudice, le cas échéant, de l'action en responsabilité pour faute professionnelle contre l'avocat défaillant.

ARTICLE 55. (1) Le demandeur au pourvoi dispose d'un délai de dix (10) jours à compter du lendemain de la notification de l'arrêt de déchéance pour en demander le rabattement. Il doit établir que la cause de la déchéance ne lui est pas imputable.

(2) Lors du prononcé de l'arrêt de déchéance, la Cour Suprême condamne l'avocat désigné ou constitué à une amende civile de cinquante mille (50000) francs. Cette amende est recouvrée suivant la procédure prévue par le code général de impôts.

ARTICLE 56. (1) Dès réception du mémoire ampliatif, le Greffier en Chef de la Chambre le fait notifier au défendeur par exploit d'huissier.

(2) Le ou les défendeurs doivent, dans un délai de trente (30) jours à compter du lendemain de cette notification, à peine de forclusion, adresser personnellement ou par avocat constitué, un mémoire en réponse au Greffier en Chef de la Chambre, en autant d'exemplaires qu'i y a de demandeurs plus cinq (5).

ARTICLE 57. (1) Dès réception du mémoire en réponse, le Greffier en Chef de la Chambre le fait notifier au demandeur par exploit d'huissier.

(2) Le demandeur peut, s'il l'estime utile, dans un délai de quinze (15) jours à compter de cette notification, adresser un mémoire en réplique, par son avocat constitué ou désigné, au Greffier en Chef de la Chambre.

(3) L'accomplissement des formalités prévues au présent article met le dossier en état de recevoir décision. Toutefois, le dossier est également réputé en état :

- lorsqu'à l'expiration du délai de trente (30) jours prévu à l'article 56 (2) ci-dessus, le défendeur n'a pas déposé de mémoire en réponse ;

- Lorsque quinze (15) jours après la notification qui lui a été faite du mémoire en réponse, le demandeur n'a pas répliqué ;

- si à l'expiration du délai de quinze (15) jours après notification, le défendeur n'a pas répondu au mémoire en réplique.

ARTICLE 58. (1) Dès la mise en état du dossier, le Greffier en Chef le transmet au Président de la Chambre pour fixation d'une date d'audience d'examen du pourvoi.

(2) La décision est prise par la formation des sections réunies, dans les trente (30) jours de la réception du dossier par le Président.

(3) Lorsque le pourvoi apparaît suffisamment fondé, la Cour rend un arrêt d'admission de pourvoi non motivé.

(4) Lorsque le pourvoi apparaît manifestement mal fondé, la Cour rend un arrêt de rejet motivé. La Cour peut également, suivant le cas, déclarer le pourvoi irrecevable ou le demandeur déchu de son recours.

(5) L'arrêt est signifié aux parties et au Ministère Public.

ARTICLE 59. (1) En cas d'admission du pourvoi et dès la signature de l'arrêt d'admission, le Greffier en Chef de la Chambre transmet quatre exemplaires de chaque document ou pièce produit par les parties ou leurs conseils, au Président de la section compétente pour distribution aux membres de la collégialité et désignation d'un rapporteur.

(2) Le Greffier en Chef transmet également un exemplaire desdits documents et pièces ainsi qu'une expédition de l'arrêt d'admission au Procureur Général.

ARTICLE 60. (1) Le rapporteur peut soulever d'office les moyens prévus à l'article 35 ci-dessus.

(2) Le rapporteur transmet, sous pli confidentiel, son rapport établi en six exemplaires au Président de la Chambre. Ce dernier communique un exemplaire au Procureur Général dans les mêmes conditions.

ARTICLE 61. (1) Le Procureur Général, dans ses conditions, propose une solution au litige.

(2) Il peut, d'office, soulever tout moyen prévu par l'article 35 (1) ci-dessus.

(3) Le Procureur Général adresse, dans un délai de trente (30) jours, sous pli confidentiel, ses conclusions au Président de la Chambre qui les transmet à la section concernée. Il retourne le dossier au greffe.

ARTICLE 62. (1) Dès réception des conclusions, le Président de la Chambre les transmet au président de la section concernée pour fixation de la date d'enrôlement.

(2) La date d'audience est notifiée au Procureur Général et aux autres membres de la formation concernée par le Greffier en Chef de la Chambre qui fait également citer les parties à leur domicile élu et affiche le rôle de l'audience.

(3) Le Président de la Chambre communique aux membres de la section copie du rapport et des conclusions du Ministère Public, quinze (15) jours au moins avant l'audience.

ARTICLE 63. En matière non répressive, le Président de la Chambre peut, à tout moment, par ordonnance prise à la requête du Procureur Général ou des parties au pourvoi, réduire de moitié ou exceptionnellement de 2/3 les délais prévus aux articles 53(1), 56(2), 57(2) et (3).

La décision de réduction de délai est notifiée aux parties par voie d'huissier.

ARTICLE 64. (1) La partie condamnée en appel à une peine d'emprisonnement et qui a formé pourvoi peut, si elle est détenue, solliciter une mise en liberté par simple requête adressée au Président de la Chambre.

(2) Le Président de la Chambre fait procéder, sans délai et à la diligence du Greffier en Chef de la Chambre, à l'enregistrement ainsi qu'à l'inscription de l'affaire au rôle.

PARAGRAPHE III

DU JUGEMENT

ARTICLE 65. (1) À l'audience, le rapporteur lit son rapport. Les conseils des parties et le Procureur Général développent leurs arguments à l'appui de leurs mémoires et conclusions. Ils présentent, le cas échéant, leurs observations sur le rapport.

(2) Le renvoi ne peut être accordé que si la Cour l'estime utile. Toutefois :

a) Lorsque les solutions proposées par le Procureur Général et le rapporteur sont divergentes, l'affaire est mise en délibéré.

b) Tout membre de la formation de jugement qui, avant l'audience n'a eu communication ni du rapport, ni des conclusions du Procureur Général, peut exiger d'en prendre connaissance avant de se prononcer. Dans ce cas, l'affaire est renvoyée à une audience ultérieure.

ARTICLE 66. Les arrêts sont rendus par trois (3) membres de la Cour à la majorité des voix.

ARTICLE 67. (1) L'arrêt est rendu, soit sur le siège, soit après délibéré à jour fixe, dans la quinzaine.

(2) Lorsque la Chambre casse et annule la décision qui lui est déférée, elle évoque et statue si l'affaire est en état d'être jugée au fond

L'affaire est reconnue en état d'être jugée au fond lorsque les faits, souverainement constatés et appréciés par les juges du fond, permettent d'appliquer la règle de droit appropriée.

(3) Lorsque le moyen soulevé n'est pas fondé et qu'il n'existe pas de moyen à soulever d'office, la Chambre rejette le pourvoi.

(4) Une expédition de l'arrêt portant annulation est transmise par le Greffier en Chef de la Chambre au Ministère Public et au Greffier en Chef compétent pour mention sur les registres de la juridiction dont émane la décision annulée.

ARTICLE 68. (1) Les arrêts de la Chambre Judiciaire ne comportent pas de qualités mais seulement l'énoncé et l'analyse des moyens produits, les moyens et la décision.

(2) Ils comportent également :

- la date de l'arrêt ;

- la composition de la Chambre ;

- les noms des paries ;

- le cas échéant, la décision qui a accordé l'assistance judiciaire.

(3) Ils mentionnent en outre que le rapporteur a donné lecture de son rapport, que les parties ont été entendues en leurs observations et le Procureur Général en ses conclusions.

(4) Ils précisent qu'ils ont été rendus en audience publique après qu'il ait été délibéré conformément à la loi.

ARTICLE 69. (1) Le demandeur au pourvoi qui succombe est condamné aux dépens.

(2) Le défendeur qui succombe, même s'il fait défaut, est condamné, en sus des dépens, au remboursement des frais engagés.

(3) En cas d'annulation, la Cour peut réserver les dépens.

ARTICLE 70. (1) En cas de désistement du demandeur, le Président de la section compétente rend une ordonnance de donner acte.

(2) Les dépens et, le cas échéant, les frais engagés, sont mis à la charge du ou des demandeurs.

ARTICLE 71. Les décisions de la Chambre Judiciaire statuant en section réunies s'imposent aux juridictions inférieures en matière judiciaire, sur tous les points de droit tranchés.

SECTION II

DE LA PROCEDURE DEVANT LA CHAMBRE ADMINISTRATIVE

PARAGRAPHE I

DE LA CHAMBRE ADMINISTRATIVE STATUANT ENAPPEL

ARTICLE 72. Les règles relatives aux appels concernant les décisions des juridictions inférieures en matière de contentieux administratif sont fixées par la présente loi et celle portant organisation et fonctionnement des tribunaux administratifs.

ARTICLE 73. L'appel est, à peine de forclusion et sauf dispositions spéciales contraires, formé dans un délai de quinze (15) jours à compter du lendemain de la notification de la décision de la juridiction inférieure.

ARTICLE 74. (1) L'appel est fait par déclaration au Greffe de la juridiction inférieure en matière de contentieux administratif dont émane la décision attaquée.

(2) L'appel est fait, soit par le demandeur en personne ou par son avocat, soit par un mandataire muni, à peine d'irrecevabilité, d'un pouvoir spécial.

(3) Le greffier qui enregistre l'appel dresse procès-verbal et en délivre une expédition au demandeur.

(4) Il notifie en même temps par écrit à l'appelant qu'il doit, à peine de déchéance, dans un délai de quinze (15) jours, déposer son mémoire.

ARTICLE 75. Dans les quinze (15) jours de la déclaration d'appel, le demandeur dépose contre récépissé, son mémoire au Greffe de la Chambre Administrative.

ARTICLE 76. (1) Le mémoire doit contenir les noms, prénoms, profession et domicile de l'appelant, l'exposé des faits qui servent de base à l'appel, les moyens ainsi que l'énumération des pièces y annexées.

(2) Le mémoire et les pièces annexées sont déposées en quatre exemplaires et accompagnés de trois copies de déclaration de recours.

ARTICLE 77. (1) Les mémoires ainsi que tous les documents reçus au Greffe sont enregistrés dès leur arrivée. Le Greffier en Chef de la Chambre y appose un timbre indiquant la date d'arrivée et le numéro d'enregistrement.

(2) Dans les cinq (5) jours de la réception du mémoire, le Greffier en Chef de la Chambre en transmet un exemplaire au Procureur Général près la Cour Suprême.

(3) Après l'enregistrement du mémoire, le greffier en Chef de la Chambre transmet le dossier au Président de Chambre.

ARTICLE 78. (1) si le demandeur ne s'est pas conformé aux dispositions des articles 73à 75 ci-dessus, le Président de la Chambre l'invite à régulariser son recours dans un délai de quinze (15) jours, à peine d'irrecevabilité.

(2) Toutefois, le Président peut le dispenser de produire les copies des documents volumineux.

ARTICLE 79. Après régularisation du recours, le Président peut réclamer au demandeur communication de tous documents dont la production paraît utile à la solution du litige.

ARTICLE 80. Le président de la Chambre ordonne ensuite la communication au défendeur, des copies du recours, du mémoire et des pièces annexées. Cette communication est assurée par le Greffier en Chef de la Chambre dans les trois (3) jours de l'ordonnance du Président de Chambre.

ARTICLE 81. (1) Le mémoire en défense est déposé au Greffe. Ce mémoire ainsi que les pièces annexées sont notifiées immédiatement par le Greffier en Chef de la Chambre au demandeur.

Il est déposé dans les quinze (15) jours de la notification de l'ordonnance prévue à l'article 80.

(2) Le demandeur peut déposer un mémoire en réplique auquel le défendeur peut répondre. Ces mémoires sont notifiés dans les conditions de l'alinéa précédent.

ARTICLE 82. (1) Le délai pour le dépôt des mémoires en réponse ou en réplique est de quinze (15) jours à compter du lendemain du jour de la notification des mémoires en défense ou en réplique.

(2) Le Président peut, par ordonnance, accorder aux parties des délais supplémentaires pour le dépôt de ces divers mémoires.

(3) Toutefois, dans les affaires qui requièrent une célérité particulière, le Président de la Chambre peut, après avis du Procureur Général, réduire ces délais de moitié ou de deux tiers.

ARTICLE 83. Les délais des articles 74, 75, 81 et 82 ci-dessus sont prescrits à peine de déchéance.

ARTICLE 84. (1) Après échange des mémoires ou à l'expiration des délais fixés pour leur dépôt, le Président de Chambre désigne un rapporteur et lui transmet le dossier.

(2) Le rapporteur peut mettre les parties en demeure de fournir, dans le délais de quinze (15) jours, toutes explications écrites ou tous documents dont la production lui paraît nécessaire à la solution du litige. Ces explications et documents sont notifiés par le Greffier en Chef de la Chambre aux autres parties en cause, qui ont un délai de quinze (15) jours pour les discuter.

ARTICLE 85. Dans les trente (30) jours de la semaine du dossier ou, le cas échéant, du dépôt des explications supplémentaires, le rapporteur rétablit le dossier au Greffe avec son rapport.

ARTICLE 86. (1) Le Greffier en Chef de la Chambre transmet le dossier au Procureur Général avec un exemplaire du rapport et une copie de chaque mémoire et document déposés.

(2) Dans les trente (30) jours de la transmission, le Procureur Général rétablit le dossier au Greffe avec ses conclusions et ses propositions pour l'inscription de l'affaire au rôle.

ARTICLE 87. La Procédure suivie à l'audience est celle applicable devant la juridiction inférieure en matière de contentieux administratif.

ARTICLE 88. (1) La décision doit intervenir dans les quinze (15) jours de la mise au rôle.

(2) Elle n'est susceptible d'aucun recours.

PARAGRAPHE II

DE LA CHAMBRE ADMINISTRATIVE STATUANT EN CASSATION

ARTICLE 89. Sauf dispositions spéciales contraires, le pourvoi doit, à peine de forclusion, être formé dans un délai de quinze (15) de jours à compter du lendemain de la notification de la décision de la juridiction inférieure en matière de contentieux administratif.

ARTICLE 90. (1) Le pourvoi est fait par déclaration au Greffe de la juridiction inférieure en matière de contentieux administratif dont émane la décision attaquée.

(2) Le pourvoi est fait, soit par le demandeur en personne ou par son avocat, soit par un mandataire muni, à peine d'irrecevabilité, d'un pouvoir spécial.

(3) Le greffier qui enregistre le pourvoi dresse procès-verbal et en délivre une expédition au demandeur.

(4) Il notifie en même temps par écrit au demandeur, autre que les personnes morales de droit public qu'il doit, à peine de déchéance, dans le délai de trente (30) jours, soit communiquer le nom de l'avocat qu'il s'est constitué au Greffier en Chef de la Chambre Administrative, soit adresser à celui-ci une demande d'assistance judiciaire à laquelle doit être annexé un certificat d'indigence.

ARTICLE 91. (1) Dans les trente (30) jours de la réception de l'acte de pourvoi, le demandeur dépose contre récépissé, un mémoire au Greffe de la Chambre Administrative.

(2) Ce délai court, pour l'avocat constitué après rejet de la demande d'assistance judiciaire, à compter du lendemain du jour de la notification à son client, de la décision de rejet et, pour l'avocat désigné d'office, à compter du lendemain de la notification qui lui est faite de sa désignation.

ARTICLE 92. (1) Le mémoire dûment timbré par feuillet, doit contenir les noms, prénoms, profession et domicile du demandeur, l'exposé des faits qui servent de base au pourvoi, les moyens ainsi que l'énumération des pièces y annexées.

(2) Le mémoire et les pièces annexées sont déposés en quatre exemplaires et accompagnés de trois copies de la déclaration de recours.

ARTICLE 93. (1) Si le demandeur n'a pas bénéficié de l'assistance judiciaire, le dépôt de tout mémoire est accompagné d'une consignation de 15000 francs pour garantir le paiement des frais, enregistrement compris.

(2) En cas d'épuisement de la provision, le Président de la section, averti par le Greffier en Chef de la Chambre, fixe le complément à consigner.

(3) Les personnes morales de droit public sont dispensées de la consignation.

ARTICLE 94. (1) Les mémoires ainsi que tous les documents reçus au Greffes sont enregistrés dès leur arrivée. Le Greffier en Chef de la Chambre y appose un timbre indiquant la date de leur arrivée et le numéro de leur enregistrement.

(2) Dans les cinq (5) jours de la réception du mémoire, le Greffier en Chef de la Chambre en transmet un exemplaire au Procureur Général.

(3) Après l'enregistrement du mémoire, le Greffier en Chef de la Chambre transmet le dossier au Président de la section.

ARTICLE 95. (1) Si le demandeur ne s'est pas conformé aux dispositions des articles 90 à 94 ci-dessus ou à celles résultant de la législation sur l'enregistrement et le timbre, le Président de section l'invite à régulariser son recours dans un délai de quinze (15) jours, à peine d'irrecevabilité.

(2) Toutefois, le Président peut le dispenser de produire les copies des documents volumineux.

ARTICLE 96. Après régularisation du recours, le Président de section peut réclamer au demandeur communication de tous documents dont la production paraît utile à la solution du litige.

ARTICLE 97. Lorsque le dossier est en état, le Président de section ordonne la communication au défendeur des copies du recours, du mémoire et des pièces annexées. Cette communication est assurée par le Greffier en Chef de la Chambre dans les trois jours de l'ordonnance du Président de section.

ARTICLE 98. (1) Le mémoire en défense est déposé au Greffe. Ce mémoire ainsi que les pièces annexées sont notifiés sans délai par le Greffier en Chef de la Chambre.

(2) Lorsqu'il y a plusieurs défendeurs en cause et qu'ils n'ont pas tous présenté de défense, le Greffier en Chef met les défaillants en demeure d'avoir à s'exécuter dans un délai de trente (30) jours pour ceux qui habitent le Cameroun et de soixante (60) jours dans les autres cas, en les informant que, faute de le faire, la décision à intervenir sera réputée contradictoire.

(3) Le demandeur peut déposer un mémoire en réplique auquel le défendeur peut répondre. Ces mémoires sont notifiés dans les conditions de l'alinéa précédent.

ARTICLE 99. (1) Le délai accordé au défendeur pour déposer son mémoire est de trente (30) jours à compter du lendemain du jour de la communication visé à l'article 80.

(2) Le délai pour le dépôt des mémoires en réponse ou en réplique est de quinze (15) jours à compter du lendemain du jour de la notification des mémoires en défense ou en réplique.

(3) Le Président de section peut, par ordonnance, accorder aux parties des délais supplémentaires pour le dépôt de ces divers mémoires. Toutefois, dans les affaires qui requièrent une célérité particulière, le Président de la section peut décider, après avis du Procureur Général, que ces délais seront réduits de moitié ou des deux tiers.

ARTICLE 100. Les délais ci-dessus sont prescrits à peine de déchéance, sans préjudice, le cas échéant, de l'action disciplinaire et en responsabilité pour faute professionnelle contre l'avocat constitué ou désigné.

ARTICLE 101. (1) Après échange de mémoires ou à l'expiration des délais fixés pour leur dépôt, le Président de section désigne un rapporteur et lui transmet le dossier.

(2) Le rapporteur peut mettre les parties en demeure de fournir dans un délai de quinze (15) jours toutes explications écrites ou tous

documents dont la production lui paraît nécessaire pour la solution du litige. Ces explications et documents sont notifiés par le Greffier en Chef aux autres parties en cause, qui ont un délai de quinze (15) jours pour les discuter.

ARTICLE 102. Dans les trente (30) jours de la remise du dossier ou, le cas échéant, du dépôt des explications supplémentaires, le rapporteur rétablit le dossier au Greffe avec son rapport.

ARTICLE 103. (1) Le Greffier en Chef de la Chambre transmet le dossier au Procureur Général avec un exemplaire du rapport et une copie de chaque mémoire et documents déposés.

(2) Dans les trente (30) jours de la transmission, le Procureur Général rétablit le dossier au Greffe avec ses conclusions et ses propositions, pour l'inscription de l'affaire au rôle.

PARAGRAPHE III

DU JUGEMENT

ARTICLE 104. (1) Les parties ou leurs représentants reçoivent du Greffier en Chef de la Chambre une convocation qui précise la date et l'heure de l'audience à laquelle chaque affaire est appelée.

(2) En cause d'appel, les règles applicables à l'audience et au prononcé de l'arrêt sont celles applicables devant les juridictions inférieures en matière de contentieux administratif.

(3) En cas de pourvoi en cassation, les règles applicables à l'audience et lors du prononcé de l'arrêt sont celles applicables devant la Chambre Judiciaire.

(3) En cas de cassation, la Chambre Administrative dispose d'un pouvoir d'évocation lorsque l'affaire est en état d'être jugé au fond.

ARTICLE 105. (1) Les arrêts de la Chambre Administrative débutent par « AU NOM DU PEUPLE CAMEROUNAIS », la Chambre Administrative de la Cour Suprême… » et leur dispositif, divisé en articles, est précédé du mot « DECIDE ».

(2) Ils indiquent la composition de la Chambre Administrative, les noms des parties, la date et, le cas échéant, la décision qui a accordé l'assistance judiciaire.

(3) Ils ne comportent pas de qualités, mais doivent contenir l'exposé des faits, l'énumération des demandes et l'analyse des moyens produits.

(4) Ils mentionnent en outre que le rapporteur a donné lecture de son rapport, que les parties ont été entendues en leurs observations et le Procureur Général en ses conclusions.

(5) Ils précisent qu'ils ont été rendus en audience publique après délibéré, à la majorité des voix, conformément à la loi.

(6) Ils sont motivés et indiquent les dispositions législatives, réglementaires, les principes généraux de droit ou les dispositions jurisprudentielles dont il est fait application.

(7) Ils sont datés et signés par les membres de la formation de jugement et le Greffier.

(8) Ils sont déposés par le Greffier en Chef de la Chambre dans les services publics compétents aux fins d'enregistrement et publiés par les soins du Procureur Général.

ARTICLE 106. Les arrêts de la Chambre Administrative sont notifiés par le Greffier en Chef de la Chambre aux parties dans les huit (8) jours de leur enregistrement.

ARTICLE 107. Les décisions de la Chambre Administrative statuant en section réunies s'imposent aux juridictions inférieures en matière de contentieux administratif, sur tous les points de droit tranchés.

PARAGRAPHE IV

DU POURVOI CONTRE LES ORDONNANCES DE REFERE ADMINISTARTIF

ARTICLE 108. (1) En cas de pourvoi contre les ordonnances de référé administratif, la procédure à suivre est celle prévue aux articles

89 à 103 de la présente loi. Toutefois, les délais prévus auxdits articles à l'exception de l'article 94, sont réduits à cinq (5) jours.

(2) Il est statué par arrêt de la Cour.

ARTICLE 109. Notification de la requête de pourvoi est immédiatement faite au défendeur éventuel, avec fixation d'un délai de réponse n'excédant pas cinq (5) jours.

ARTICLE 110. (1) L'arrêt de référé est immédiatement exécutoire. Il est notifié dans les vingt quatre (24) heures aux parties en cause.

(2) En aucun cas, il ne peut suspendre l'exécution de l'acte attaqué.

PARAGRAPHE V

DU POURVOI CONTRE LES ORDONNANCES DE SURSIS À EXECUTION

ARTICLE 111. (1) Le pourvoi contre une ordonnance de sursis à exécution d'un acte administratif suspend de plein droit l'exécution de ladite ordonnance.

(2) L'arrêt de rejet du pourvoi formé contre une ordonnance ayant prononcé un sursis à exécution devient caduc si quinze (15) jours après le rejet du recours gracieux, le tribunal n'est toujours pas saisi de la requête introductive du recours contentieux.

ARTICLE 112. (1) L'arrêt rendu sur pourvoi contre une ordonnance en matière de sursis à exécution est, dans les vingt quatre (24) heures, notifié aux parties en cause.

(2) L'effet de l'acte attaqué est suspendu à compter du jour de cette notification.

SECTION III

DE LA PROCEDURE DEVANT LA CHAMBRE DES COMPTES

PARAGRAPHE I

DE LA CHAMBRE DES COMPTES STATUANT EN PREMIER ET DERNIER RESSORT

ARTICLE 113. Sans préjudice de certaines spécificités prévues par la loi n°2003/005 du 21 Avril 2003 fixant les attributions, l'organisation et le fonctionnement de la Chambre des Comptes, la procédure suivie devant ladite chambre statuant en premier et dernier ressort est celle applicable devant la chambre judiciaire de la Cour Suprême.

PARAGRAPHE II

DE LACHAMBRE DES COMPTES STATUANT EN CASSATION

ARTICLE 114. Sauf dispositions spéciales contraires, le pourvoi doit, à peine de forclusion, être formé dans un délai de quinze (15) jours à compter du lendemain de la notification de la décision des juridictions inférieures des Comptes.

ARTICLE 115. (1) Le pourvoi est fait par déclaration au Greffe de la juridiction dont émane la décision attaquée.

(2) Le pourvoi est fait, soit par le demandeur en personne ou par son avocat, soit par un mandataire muni, à peine d'irrecevabilité, d'un pouvoir spécial.

(3) Le greffier qui enregistre le pourvoi dresse procès-verbal et en délivre une expédition au demandeur.

(4) Il notifie en même temps par écrit au demandeur autre que les personnes morales de droit public, qu'il doit, à peine de déchéance dans le délai de trente (30) jours, soit communiquer au greffier de la Chambre des Comptes le nom de l'avocat qu'il s'est constitué, soit

adresser au Greffier en Chef de la Chambre une demande d'assistance judiciaire à laquelle doit être annexé un certificat d'indigence.

ARTICLE 116. (1) Dans les trente (30) jours à compter de la réception de l'acte de pourvoi, le demandeur dépose, contre récépissé, un mémoire au Greffe de la Chambre des Comptes.

(2) Pour l'avocat désigné d'office et pour celui constitué après rejet de la demande d'assistance judiciaire, ce délai court à compter du lendemain du jour de la notification à son client et la décision de rejet et, pour l'avocat désigné d'office, à compter du lendemain du jour de la notification qui lui est faite de sa désignation.

ARTICLE 117. Dès réception du dossier, le Président de la Chambre des Comptes désigne un rapporteur parmi les conseillers de ladite Chambre.

ARTICLE 118. En cas de cassation, la Cour évoque et statue à nouveau. Dans ce cas, il est procédé comme indiqué aux articles 119 à 129 ci-dessous.

ARTICLE 119. (1) L'instruction de chaque compte est confiée par le Président de la Section concernée à un magistrat rapporteur.

(2) Le magistrat rapporteur examine les comptes et s'assure de l'existence et de la valeur probante des pièces justificatives prévues par la réglementation en vigueur.

(3) Le magistrat rapporteur demande aux comptables toute information complémentaire.

(4) Au terme de son instruction et pour chaque exercice budgétaire, le magistrat rapporteur rédige un rapport motivé sur les comptes qui lui ont été confiés.

(5) Le rapport contient des observations de deux natures :

a) Les premières concernent la ligne de comptes ;

b) Les secondes résultent de la comparaison de la nature et du volume des dépenses et des recettes, avec les autorisations qui figurent dans les comptes administratifs et les budgets d'une part, et la vérification de la conformité des opérations comptables aux lois et règlements en vigueur d'autre part.

(6) Les vérifications sont effectuées par examen des comptes et des pièces justificatives. Elles comportent, en tant que de besoin, toute demande de renseignements, enquêtes sur place ou expertises.

ARTICLE 120. (1) Après examen des comptes, le magistrat rapporteur transmet son rapport au Président de la Section, lequel peut le transmette à un autre magistrat qui vérifie le bien fondé des observations, en qualité de contre rapporteur.

(2) La suite donnée à chaque observation fait l'objet d'une proposition motivée.

(3) Le rapport et le rapport complémentaire ou contre rapport sont transmis au Ministère Public pour la présentation de ses conclusions.

ARTICLE 121. (1) La Chambre des Comptes, siégeant en formation de jugement, statue par arrêté de compte après examen des observations présentées par le rapporteur et au vu des conclusions du Ministère Public.

(2) L'arrêté de compte est définitif et certifie la ligne de compte s'il n'y a pas d'observation.

(3) Dans le cas contraire, l'arrêté de compte est provisoire et comprend deux parties :

a) la première partie est relative à la ligne de compte ;

b) la deuxième partie enjoint aux comptables d'apporter les pièces justificatives manquantes, de procéder aux diligences nécessaires et de fournir toutes explications utiles.

ARTICLE 122. (1) L'arrêté provisoire de compte est signifié aux comptables dont ils émanent et aux ministres dont ils relèvent, par les voies de droit.

(2) Les comptables disposent d'un délai de deux mois à compter de la date de notification de l'arrêté provisoire pour satisfaire aux injonctions qui leur sont adressées, sous peine des sanctions prévues par le présente loi.

ARTICLE 123. En cas de mutation du comptable, le comptable en exercice est tenu de donner suite aux injonctions adressées à son prédécesseur. Il communique à ce dernier une copie de l'arrêté ainsi que ses réponses qu'il transmet à la Chambre des Comptes après acquiescement du comptable muté.

ARTICLE 124. Lorsque l'apurement des comptabilités présente des difficultés particulières, le Ministre Chargé des Finances peut commettre d'office un autre comptable. Celui-ci donne suite aux injonctions, en lieu et place du comptable défaillant.

ARTICLE 125. (1) Après examen des réponses des comptables et des conclusions complémentaires du rapporteur, la Chambre des Comptes, siégeant en formation de jugement, statue par arrêté définitif de compte. L'arrêté de compte comporte deux parties :

a) La première partie certifie la ligne de compte, éventuellement assortie de redressements ;

b) La deuxième partie prononce, soit la régularité du compte, soit une avance comptable, soit un défaut comptable et distingue éventuellement les périodes respectives d'enregistrement des opérations.

(2) Le défaut comptable ou l'avance comptable est, par définition, égal au montant des fonds, valeurs, créances ou dettes dont la personne publique concernée par le compte aurait disposé, en plus ou en moins si les lois et règlement budgétaires et comptables avaient été exactement et intégralement respectés.

ARTICLE 126. (1) L'arrêté définitif de compte comporte de droit pour le Trésor Public, privilèges sur les biens meubles et hypothèque sur les biens immeubles des comptables, à concurrence du défaut dont chaque comptable est présumé responsable en application des articles 43 à 49 de la loi n°2003/005 du 21 Avril 2003 fixant les attributions, l'organisation et le fonctionnement de la Chambre des Comptes de la Cour Suprême.

(2) Avant de se prononcer à titre définitif, la Chambre des Comptes peut rendre sur un même compte plusieurs arrêtés provisoires successifs.

ARTICLE 127. (1) La Chambre des Comptes rend des arrêts si les comptables sont déchargés ou quittes, en avance ou en débet.

(2) Lorsque les comptables sont déchargés ou quittes, la chambre prononce leur décharge définitive.

(3) La chambre autorise le remboursement du cautionnement des comptables dont les fonctions ont pris fin et donne main levée et radiations des oppositions et inscriptions hypothécaires mises sur leurs biens à raison de leurs actes.

(4) Lorsque les comptes sont en avance, la Chambre des Comptes sursoit à la décharge des comptables dans l'attente d'une régularisation prévue au cours de l'exercice suivant. Dans ce cas, elle porte ses réserves sur le compte.

(5) Lorsque les comptes sont en débet, la Chambre des Comptes constitue le comptable débiteur. Le Ministre chargé des Finances procède au recouvrement des sommes dues. Les sommes recouvrées sont reversées le cas échéant, à la personne morale concernée.

ARTICLE 128. (1) L'arrêt est notifié :

- aux comptables responsables du compte ;

- aux Ministre chargé des Finances ;

- au Ministre dont relèvent les responsables du compte ;

- aux Ministres de tutelle et ordonnateurs des collectivités territoriales décentralisées ou des entreprises publiques ou parapubliques intéressées.

(2) La notification de l'arrêt donne lieu à la délivrance d'un accusé de réception.

ARTICLE 129. Si l'instruction ou l'examen des comptes fait apparaître des faits susceptibles de constituer des infractions à la loi pénale, le Procureur Général près la Cour Suprême informe le Ministre chargé des Finances et les Ministres ou autorités de tutelle intéressés. Le dossier est transmis au Ministre de la justice par le Procureur Général près la Cour Suprême. Cette transmission vaut plainte au nom de l'Etat, de la collectivité territoriale décentralisée, de l'entreprise publique ou parapublique ou de l'établissement public concerné.

ARTICLE 130. Les décisions de la Chambre des Comptes statuant en sections réunies s'imposent aux juridictions inférieures des Comptes sur tous les points de droit tranchés.

SECTION IV

DE LA PROCEDURE DEVANT LES CHAMBRES REUNIES

ARTICLE 131. La formation des Chambres Réunies est saisie, soit par ordonnance du Premier Président, soit par arrêt d'une section ou des Sections Réunies d'une Chambre, soit sur réquisitions du Procureur Général.

ARTICLE 132. Dès réception du dossier, le Greffier en Chef de la cour Suprême procède à l'enregistrement de l'affaire et le transmet au Premier Président.

ARTICLE 133. Le premier Président désigne un rapporteur parmi les membres de la formation des Chambres Réunies.

ARTICLE 134. Dans les trente (30) jours suivant réception du dossier, le rapporteur rétablit le dossier au Greffe assorti de son rapport.

ARTICLE 135. Le Premier Président communique, sous pli confidentiel au Procureur Général, copie du rapport, accompagné du dossier de procédure.

ARTICLE 136. Dans un délai de trente (30) jours, le Procureur Général rétablit le dossier au Greffe, assorti de ses conclusions en même temps qu'il formule ses propositions sur l'inscription de l'affaire au rôle.

ARTICLE 137. (1) En cas de cassation, la Cour Suprême annule la décision frappée de pourvoi, évoque et statue si l'affaire est en état d'être jugée au fond.

(2) Une affaire est reconnue en état au sens du présent article si la Cour est en mesure de statuer au fond, sur le vu des seules pièces visées dans la décision dont pourvoi.

ARTICLE 138. Les décisions de la Cour Suprême statuant en Chambres Réunies s'imposent aux juridictions inférieures sur tous les points de droit tranchées.

TITRE IV

DISPOSITIONS TRANSITOIRES

ARTICLE 139. (1) Lorsque la Cour Suprême statue en application des dispositions de l'article 67 alinéa 4 de la Constitution, elle siège en Chambres Réunies.

(2) Les autorités investies du pouvoir de saisir le Conseil Constitutionnel conformément aux dispositions de la Constitution, adressent leurs requêtes au Premier Président de la Cour Suprême.

(3) La formation des Chambres Réunies de la Cour Suprême statue dans les délais prévus à l'article 49 de la constitution et applique la procédure par la loi n°2004/004 du 21 avril 2004 portant Organisation et Fonctionnement du Conseil Constitutionnel.

(4) Lorsque la Cour Suprême est saisie en vertu des dispositions de l'article 47 de la constitution, elle siège en Chambre du Conseil.

(5) En matière de contentieux électoral prévu à l'article 48 alinéa 2 de la Constitution, elle siège en audience publique.

ARTICLE 140. En attendant la mise en place des juridictions inférieures des comptes et de juridictions inférieures en matière de contentieux administratif, les procédures antérieurement observées en ces matières restent en vigueur.

ARTICLE 141. (1) Dès la mise en place des juridictions inférieures en matière de contentieux administratif, les affaires pendantes devant la Chambre Administrative et relevant de la compétence de ces dernières leur sont transférées.

(2) Les affaires pendantes devant l'ancienne Assemblée Plénière de la Cour Suprême sur appel des jugements de la Chambre Administrative sont transférées devant la section compétente de la Chambre Administrative telle qu'organisée à l'article 9 de la présente loi.

ARTICLE 142. Dès la mise en place des juridictions inférieures des comptes, les affaires concernant le contrôle et le jugement des comptes leur sont transférées.

TITRE V

DISPOSITIONS DIVERSES ET FINALES

ARTICLE 143. Les délais prévus dans la présente loi se calculent comme suit :

a) Le jour où s'accomplit l'acte qui fait courir le délai n'entre pas dans la computation du délai ;

b) Le délai fixé en années ou en mois se calcule de date à date ;

c) Le délai fixé en heures se calcule d'heure en heure ;

d) Lorsque le dernier jour est un samedi, un dimanche ou un jour férié, le délai est prorogé jusqu'au jour ouvrable suivant.

ARTICLE 144. (1) Toutes références au Président de la Cour Suprême dans des textes en vigueur sont réputées références au Premier Président.

(2) Sont abrogées toutes dispositions antérieures contraires à la présente loi, notamment :

- l'ordonnance n°72/6 du 26 août 1972 fixant l'organisation de la Cour Suprême ;

- la loi n°75/16 du 8 décembre 1975 fixant la procédure et le fonctionnement de la Cour Suprême ;

- la loi n°76/28 du 14 décembre 1976 modifiant et complétant certaines dispositions de l'ordonnance n°72/06 du 26 août 1972 fixant l'organisation de la Cour Suprême ;

- la loi n°75/17 du 8 décembre 1975 fixant la procédure devant la Cour Suprême statuant en matière administrative.

ARTICLE 145. La présente loi sera enregistrée et publiée suivant la procédure d'urgence, plus insérée au Journal Officiel en français et en anglais./-

Yaoundé, le 29 déc. 2006

LE PRESIDENT DE LA REPUBLIQUE,

PAUL BIYA

REPUBLIQUE DU CAMEROUN PAIX -TRAVAIL-PATRIE

---------- ----------

LOI N° 2006 / 022 DU 29 DEC 2006
FIXANT L'ORGANISATION ET LE FONCTIONNEMENT DES TRIBUNAUX ADMINISTRATIFS

L'Assemblée nationale a délibéré et adopté,

le Président de la République promulgue la

la loi dont la teneur suit :

TITRE I

DISPOSITIONS GENERALES

ARTICLE 1er—La présente loi fixe l'organisation et le fonctionnement des Tribunaux Administratifs

ARTICLE 2. (1) Les Tribunaux Administratifs sont des juridictions inférieures en matière de contentieux administratif au sens de l'article 40 de la constitution

(2) Les Tribunaux administratifs connaissent en premier ressort, du contentieux des élections régionales et municipales et en dernier ressort, de l'ensemble du contentieux administratif concernant l'Etat, les collectivités publiques territoriales décentralisées et les établissements publics administratifs, sous réserve des dispositions de l'article 14 (2) de la présente loi.

(3) Le contentieux Administratif comprend :

a) Les recours en annulation pour excès de pouvoir et, en matière non répressive, les recours incidents en appréciation de légalité. Est constitutif d'excès de pouvoir au sens du présent article :

- le vice de forme ;

- l'incompétence ;

- la violation d'une disposition légale ou réglementaire ;

- le détournement de pouvoir

b) les actions en indemnisation du préjudice causé par un acte administratif ;

c) les litiges concernant les contrats (à l'exception de ceux conclus même implicitement sous l'empire du droit privé) ou les concessions de services publics ;

d) les litiges intéressant le domaine public ;

e) les litiges intéressant les opérations du maintien de l'ordre.

ARTICLE 3. (1) Les Tribunaux de droit commun connaissent, conformément au droit privé, de toute autre action ou litige, même s'il met en cause les personnes morales énumérées à l'article 2, la responsabilité desdites personnes morales étant à l'égard des tiers, substituée de plein droit à celle de leurs agents auteurs des dommages causés dans l'exercice même de leurs fonctions

(2) Ils connaissent, en outre, des emprises et des voies de fait administratives et ordonnent toute mesure pour qu'il y soit mis fin.

Toutefois, il est statué par la chambre administrative de la cour suprême sur l'exception préjudicielle soulevée en matière de voie de fait administrative et d'emprise.

ARTICLE 4. Aucune juridiction ne peut connaître des actes de Gouvernement.

TITRE II

DE L'ORGANISATION DES TRIBUNAUX ADMINISTRATIFS

CHAPITRE I

DU SIEGE ET DU RESSORT

ARTICLE 5. (1) IL est crée un tribunal administratif par région. Son siège est fixé au chef-lieu de ladite région.

(2) Toutefois, suivant les nécessités de service, le ressort d'un tribunal administratif peut être, par décret du Président de la République, étendu à plusieurs régions.

CHAPITRE II

DE LA COMPOSITION

ARTTICLE 6. Le tribunal administratif est composé :

a) au siège :

- d'un président ;

- de juges ;

- d'un greffier en chef ;

- de greffiers.

b) au parquet :

- du Procureur Général près la cour d'appel du ressort du tribunal administratif ;

- d'un ou plusieurs substituts du procureur général.

ARTICLE 7. le parquet près le tribunal administratif est le parquet général près la Cour d'Appel du ressort du tribunal administratif

ARTICLE 8. (1) les membres du tribunal administratif et ceux du parquet sont des magistrats relevant du statut de la magistrature.

(2) Toutefois, pour les besoins du service, peuvent être nommés juges ou substituts en service extraordinaire au tribunal administratif pour une période de cinq (5) ans ;

a) les professeurs de droit des universités ayant exercé comme enseignant pendant au moins dix (10) années consécutives ;

b) les chargés de cours en droit des universités ayant exercé comme enseignant pendant au moins quinze (15) années consécutives ;

c) les fonctionnaires de la catégorie A et les cadres contractuels d'administration titulaires d'une maîtrise en droit ayant exercé leurs fonctions pendant au moins quinze (15) années consécutives.

ARTICLE 9. Le Président et les juges du tribunal administratif sont nommés conformément au texte portant statut de la magistrature.

ARTICLE 10. Les Magistrats du ministère public au près du tribunal administratif sont nommés conformément au texte portant statut de la magistrature

ARTICLE 11. Le Greffier en chef et les Greffiers du tribunal administratif sont nommés conformément au texte portant statut des personnels des greffes et à celui portant organisation administrative de juridiction.

ARTICLE 12. (1) Avant leur entrée en fonction, les juges et les substituts en service extraordinaire prêtent, devant la Cour d'Appel siégeant en audience solennelle, le serment prévu par le statut de magistrature.

(2) pendant l'exercice de leurs fonctions, ils relèvent, sur le plan disciplinaire, des organes prévus à cet effet par le statut de magistrature.

ARTICLE 13. (1) Le tribunal administratif siège en formation collégiale de trois membres. Les décisions sont rendues à la majorité des voix.

(2) en cas d'absence ou d'empêchement du Président, il est suppléé conformément au texte portant statut de la magistrature.

CHAPITRE III

DE LA COMPETENCE

ARTICLE 14. (1) Les tribunaux administratifs sont, sauf dispositions contraires de la loi, juges de droit commun du contentieux administratif en premier ressort.

(2) Nonobstant les dispositions de l'alinéa (1) ci-dessus, les tribunaux administratifs doivent, lorsqu'ils se trouvent devant une difficulté d'interprétation ou d'appréciation de la légalité d'un acte législatif ou réglementaire, surseoir à statuer et renvoyer la question devant la chambre administrative de la cour suprême.

(3) la chambre administrative rend, dans les trois mois de sa saisine, un avis sur la difficulté à elle déférée.

ARTICLE 15. (1) Le tribunal administratif territorialement compétent est celui :

- dans le ressort duquel a légalement son siège l'autorité qui a pris la décision

attaquée ;

- de la résidence du demandeur ;

- de la situation des biens ;

- du lieu d'exécution du contrat ;

- du fait dommageable si ce fait est imputable à une décision.

(2) le tribunal administratif du siège de l'autorité ayant pris la décision attaquée, est également compétent pour connaître de l'action en indemnité imputable à la décision querellée, ainsi que des recours en interprétation et appréciation de la légalité de l'acte litigieux intervenant sur renvoi de l'autorité judiciaire.

ARTICLE 16. Le tribunal administratif territorialement compétent pour connaître d'une demande principale l'est également pour toute demande accessoire, incidente ou reconventionnelle relevant de la compétence des tribunaux administratifs.

TITRE III

DE LA PROCEDURE DEVANT LES TRIBUNAUX ADMINISTRATIFS

CHAPITRE 1er

DES DISPOSITIONS GENERALES

SECTION I

DES CONDITIONS DE SAISINE

ARTICLE 17.(1) Le recours devant le tribunal administratif n'est recevable qu'après rejet d'un recours gracieux adressé à l'autorité auteur de l'acte attaqué ou à celle statutairement habilitée à représenter la collectivité publique ou l'établissement public en cause.

(2) Constitue un rejet du recours gracieux, le silence gardé par l'autorité pendant un délai de trois mois sur une demande ou réclamation qui lui est adressée.

Ce délai court à compter de la notification du recours gracieux.

(3) Le recours gracieux doit, sous peine de forclusion, être formé ;

a) dans les trois mois de publication ou de notification de la décision attaquée ;

b) en cas de demande d'indemnisation, dans les six mois suivant la réalisation du dommage ou sa connaissance ;

c) en cas d'abstention d'une autorité ayant compétence liée, dans les quatre ans à partir de la date à laquelle ladite autorité était défaillante.

ARTICLE 18. (1) Sous peine de forclusion, les recours contre les décisions administratives doivent être introduits dans un délai de soixante (60) jours à compter de la décision de rejet du recours gracieux visé à l'article 17 ci-dessus.

(2) Ce délai court du lendemain du jour de la notification à personne ou à domicile élu.

ARTICLE 19. (1) Les délais ci-dessus sont prorogés si le requérant a, dans l'intervalle :

a) déposé une demande d'assistance judiciaire

b) saisi une juridiction incompétente

(2) dans ce cas, le recours contentieux est valablement introduit dans les soixante (60) jours qui suivent la notification de la décision statuant sur la demande d'assistance judiciaire ou sur la compétence.

SECTION II

DE LA REPRESENTATION DES PARTIES

ARTICLE 20 - Devant la juridiction administrative, la partie qui ne comparait pas en personne peut se faire représenter par un mandataire ou un avocat.

ARTICLE 21 - le mandataire doit justifier de son mandat par la production d'un acte authentique, ou d'un acte sous seing privé légalisé par l'autorité compétente.

ARTICLE 22 - le mandataire a le pouvoir de signer les requêtes et mémoires aux lieu et place de son mandant, de recevoir les convocations adressées à son mandant et les notifications qui lui sont faites.

ARTICLE 23 - les personnes morales de droit public sont représentées devant la juridiction administrative par l'autorité habilitée à recevoir le recours gracieux, laquelle peut se faire représenter par un fonctionnaire, un agent de l'Etat ou d'une collectivité territoriale décentralisée ou par un avocat.

ARTICLE 24 - la constitution ou la désignation d'un avocat emporte de plein droit élection de domicile au cabinet de cet avocat pour les besoins de procédure.

SECTION III

DES NOTIFICATIONS

ARTICLE 25. Les notifications sont assurées par le Greffier en chef, soit dans la forme administrative, soit par lettre recommandée avec accusé de réception, soit par exploit d'huissier, soit par tout autre moyen laissant trace écrite.

ARTICLE 26. (1) la remise des notifications est constatée par :

- récépissé daté et signé de la personne qui reçoit les documents ;

- accusé de réception de la poste ;

- procès-verbal dressé par l'agent chargé de faire la notification, en cas de refus de recevoir les documents, de les signer ou en cas d'impossibilité de le faire.

(2) les récépissés, les accusés de réception ou les procès-verbaux sont joints au dossier.

SECTION IV

DU REFERE ADMINISTRATIF

ARTICLE 27. (1) Dans les cas d'urgence, le Président du tribunal ou le magistrat qu'il délègue peut, sur requête et si le demandeur justifie de l'introduction d'un recours gracieux, les parties convoquées et après conclusions du ministère public, ordonner, en référé, toutes les mesures utiles, sans faire préjudice au principal.

(2) La notification de la requête est immédiatement faite au défendeur avec fixation d'un délai de réponse ne pouvant excéder cinq (5) jours.

ARTICLE 28. Il est statué sur la requête par ordonnance de référé. L'ordonnance est, dans les vingt-quatre (24) heures, notifiée aux parties en cause.

ARTICLE 29. L'ordonnance de référé est susceptible d'appel devant la Chambre Administrative de la Cour Suprême. Toutefois, elle est exécutoire par provision.

SECTION V

DU SURSIS A EXECUTION

ARTICLE 30. (1) Le recours gracieux contre un acte administratif n'en suspend pas l'exécution.

(2) Toutefois, lorsque l'exécution est de nature à causer un préjudice irréparable et que la décision attaquée n'intéresse ni l'ordre public, ni la sécurité ou la tranquillité publique, le président du tribunal administratif peut, saisi d'une requête, après communication à la partie adverse et conclusion du ministère public, ordonner le sursis à exécution.

(3) Il est statué sur la demande de sursis à exécution par ordonnance.

(4) L'ordonnance prononçant le sursis à exécution devient caduque si, à l'expiration du délai prévu à l'article 18 ci-dessus, le tribunal n'est pas saisi de la requête introductive d'instance.

ARTICLE 31. (1) L'ordonnance de sursis à exécution est, dans les vingt-quatre (24) heures, notifiée aux parties en cause.

(2) L'effet de l'acte attaqué est suspendu à compter du jour de cette notification.

CHAPITRE II

DE L'INTRODUCTION DE L'INSTANCE

ARTICLE 32. (1) La requête introductive d'instance devant le tribunal administratif est déposée au greffe compétent ou adressée par voie postale audit greffe. Elle est enregistrée et datée à l'arrivée.

(2) Le greffier délivre au demandeur un certificat constatant le dépôt de sa requête.

ARTICLE 33. Toute requête collective est irrecevable, sauf lorsqu'il s'agit d'un recours dirigé contre un acte indivisible.

ARTICLE 34. (1) Sauf dispense résultant d'une disposition législative expresse, la requête introductive d'instance donne lieu à la consignation d'une provision de vingt mille (20000) F.

(2) Cette consignation est versée au moment du dépôt de la requête introductive d'instance.

(3) Une consignation supplémentaire peut être ordonnée par le Président de la juridiction en cas de nécessité.

ARTICLE 35. (1) La requête introductive d'instance doit contenir les nom, prénom, profession et domicile du demandeur, la désignation du défendeur, l'exposé des faits qui servent de base à la demande, les moyens et l'énumération des pièces produites à l'appui de la demande.

(2). Elle est rédigée sur papier timbré, et signée par le requérant ou son mandataire. Le requérant illettré qui n'a pas de mandataire et ne peut signer y appose son empreinte digitale.

ARTICLE 36. (1) À la requête doivent être jointes des copies sur papier libre, certifiées conformes par le requérant ou son mandataire, tant de la requête elle-même que des pièces annexées.

(2) Les copies sont déposées en nombre égal à celui des défendeurs plus deux.

(3) Le président du tribunal peut toutefois dispenser le requérant de produire les copies des documents volumineux.

ARTICLE 37. (1) Dès l'enregistrement de la requête, le Président désigne un rapporteur qui, sous son autorité, dirige l'instruction de l'affaire.

(2) Si le requérant ne s'est pas conformé aux prescriptions des articles 34 (3), 35 (2) et 36 ci-dessus ou à celles résultant de la législation sur l'enregistrement et le timbre, le rapporteur l'invite à régulariser sa demande ou à solliciter l'assistance judiciaire dans les quinze (15) jours à compter de cet avertissement et cela sous peine d'irrecevabilité de sa demande.

(3) Le rapporteur peut en outre lui demander de produire tout autre document jugé utile à la solution du litige.

ARTICLE 38. (1) En cas de recevabilité de la requête, le rapporteur en ordonne la communication au défendeur qui a trente (30) jours pour déposer son mémoire en défense.

(2) il fixe dans l'ordonnance de soit-communiqué le délai accordé au défendeur pour produire son mémoire en défense. Ce délai court du lendemain de la notification de l'ordonnance de soit communiqué au défendeur. Il est prorogé en cas de demande d'assistance judiciaire.

(3) Lorsqu'il y a plusieurs défendeurs en cause et qu'ils n'ont pas tous présenté de défense, le rapporteur met les défaillants en demeure d'avoir à s'exécuter dans un délai supplémentaire de trente (30) jours dans les autres cas, en les informant que, faute de le faire, la décision à intervenir sera réputée contradictoire.

ARTICLE 39. Le mémoire en défense est rédigé sur papier timbré et déposé au greffe. Il est notifié par le greffier au demandeur. Les dispositions des articles 32, 35, et 37 ci-dessus concernant la requête introductive d'instance lui sont applicables.

ARTICLE 40. (1) Dans les quinze (15) jours de la notification du mémoire en défense, le demandeur dépose un mémoire en réplique auquel le défendeur peut répondre dans le même délai.

(2) Le rapporteur peut, sur demande justifiée, accorder aux parties un délai supplémentaire pour le dépôt de leurs mémoires.

ARTICLE 41. Dans les affaires qui requièrent célérité, le Président peut décider, après avis du Ministère Public, que les délais prévus aux articles 17,18 et 19 seront réduits de moitié ou de deux tiers.

ARTICLE 42. Le rapporteur peut, par simple lettre notifiée aux parties, les mettre en demeure de fournir dans un délai de quinze (15) jours à compter du lendemain de la notification, toutes explications écrites ou tous documents dont la production lui paraît nécessaire pour la solution du litige. Ces documents sont notifiés aux autres parties, qui ont le même délai pour les discuter.

ARTICLE 43. Sauf dispositions contraires, les délais ci-dessus sont prescrits sous peine de déchéance, sans préjudice, le cas échéant, de l'action disciplinaire en responsabilité pour faute professionnelle contre l'avocat constitué ou désigné.

ARTICLE 44. A l'expiration des délais prescrits, le rapporteur clôture l'instruction et rétablit le dossier au greffe, sans y joindre son rapport.

Une fois le rapport établi, le greffier le transmet, avec le dossier au Procureur Général qui le rétablit dans les trente (30) jours au greffe avec ses conclusions.

ARTICLE 45. Le rapporteur transmet son rapport sous pli confidentiel au Président du tribunal qui en communique copie au Procureur Général, également sous pli confidentiel.

ARTICLE 46. (1) Le dossier rétabli au greffe est transmis sans délai au Procureur Général.

(2) Le Procureur Général propose une solution dans ses conclusions et les communique sous pli confidentiel au Président, dans un délai de trente (30) jours. Dans le même délai, il rétablit le dossier au greffe.

ARTICLE 47. Le dossier rétabli au greffe est soumis au Président pour fixation de la date d'audience. Cette date est notifiée au Procureur Général et aux membres du tribunal par le Greffier en Chef, qui assure la confection et l'affichage du rôle.

CHAPITRE III

DES AUDIENCES ET DES JUGEMENTS

ARTICLE 48. (1) Le tribunal administratif tient ses audiences à la date fixée par arrêté du Ministre de la Justice, sur proposition des Présidents des tribunaux.

(2) Les audiences sont publiques. Toutefois, le tribunal peut ordonner le huis clos s'il estime cette publicité dangereuse pour l'ordre public ou les bonnes mœurs, dans ce cas mention en est faite dans le jugement.

(3) Dans tous les cas, les jugements sont rendus en audience publique.

ARTICLE 49. (1) Les parties et leurs conseils sont tenus de s'exprimer avec modération et garder en tout le respect dû à la justice.

(2) Les personnes qui assistent aux audiences doivent, sauf dispositions contraires de la loi, se tenir découvertes dans le respect et le silence.

(3) Tout ce que le président ordonne pour le maintien de l'ordre est exécuté à l'instant.

(4) Si un ou plusieurs individus donnent des signes d'approbation ou de désapprobation, provoquent le tumulte de quelque manière que ce soit, et si, après avertissement du président, ils ne rentrent pas dans l'ordre sur-le-champ, il leur est enjoint de se retirer ; les récalcitrants sont, sur ordre du président, saisis et déposés dans la maison d'arrêt pour vingt-quatre (24) heures.

(5) S'il se commet une infraction pénale à l'audience, le président procède aux constatations utiles qu'il fait consigner au plumitif dont une expédition est transmise au Procureur de la République. Ce dernier peut faire procéder à l'arrestation de l'auteur de l'infraction.

ARTICLE 50. Dix jours au moins avant la date de l'audience, chaque partie reçoit une convocation d'avoir à s'y présenter. Cette convocation lui est notifiée par le greffier, conformément aux dispositions de la présente loi, relatives aux notifications.

ARTICLE 51. (1) Le tribunal administratif doit statuer immédiatement par décision avant-dire-droit distincte, sur les exceptions d'incompétence fondées sur l'article 2 ci-dessus, sans pouvoir en aucun cas joindre l'incident au fond.

(2) Il peut d'office, relever une incompétence dans les mêmes formes.

(3) Les décisions rendues en application des alinéas 1et 3 du présent article peuvent, dans un délai de dix (10) jours à compter de leur notification faire l'objet de la part de toutes les parties, y compris le Ministère Public, d'un pourvoi devant la Chambre Administrative de la Cour Suprême.

(4) Ce pourvoi est valablement formé par déclaration au greffe de la juridiction dont émane la décision entreprise.

(5) Toute partie au litige qui demande l'annulation d'une ou plusieurs pièces produites aux débats doit prouver que le vice dont la pièce est entachée lui a causé un préjudice. La demande d'annulation doit être présentée dès la connaissance de la pièce et avant toute autre défense au fond.

(6) Il est statué sur la demande visée à l'alinéa (5) ci-dessus par jugement avant-dire-droit.

ARTICLE 52. (1) Après lecture du rapport fait sur chaque affaire, les parties peuvent présenter, soit en personne, soit par mandataire ou avocats, des observations orales ou plaidoiries à l'appui de leurs conclusions écrites.

(2) Le Procureur Général donne ses conclusions sur tous les points soumis à la décision du tribunal.

(3) Les demandes nouvelles présentées à l'audience sont irrecevables.

(4) Toutefois, lorsqu'elles ont fait l'objet d'un recours gracieux, le tribunal les reçoit et renvoie la cause à une prochaine audience pour conclusions des parties.

ARTICLE 53. (1) Les jugements sont prononcés après délibéré, à la majorité des voix des juges ayant suivi les débats.

(2) Le délibéré est acquis nonobstant des changements intervenus dans la composition du tribunal lors de la lecture de la décision à l'audience.

Dans ce cas, il est fait mention dans le jugement des deux compositions du tribunal.

ARTICLE 54. (1) Les jugements du tribunal administratif débutent par les mots « AU NOM DU PEUPLE CAMEROUNAIS, LE TRIBUNAL ADMINISTRATIF » et leur dispositif est divisé en articles et précédé du mot « DECIDE ».

a) Ils mentionnent :

- la composition du tribunal, les noms des parties et leurs conclusions ;

- les principales dispositions législatives ou réglementaires dont il a été fait application ;

- que le rapporteur, les parties, leurs mandataires ou avocats et le ministère public ont été entendus ;

- qu'il a été statué au vu des pièces du dossier, en audience publique, après délibéré ;

- s'ils sont contradictoires ou par défaut.

b) Ils sont motivés et datés.

(2) Le jugement est contradictoire, soit lorsque les parties ont comparu ou ont été représentées à l'audience, soit lorsqu'elles ont produit leurs mémoires sans comparaître à l'audience bien que régulièrement convoquées.

ARTICLE 55. (1) La partie qui succombe est condamnée aux dépens.

(2) Toutefois, et sauf décision contraire expresse de la juridiction, les recours formés en matière électorale ne donnent lieu à aucune condamnation aux dépens.

Les frais de l'instruction sont, dans ce cas, supportés par le Trésor Public.

ARTICLE 56. Les dépens peuvent être compensés en tout ou partie suivant les circonstances de l'affaire.

ARTICLE 57. Les dépens comprennent exclusivement les frais de correspondance et de notification, d'établissement des copies des requêtes, mémoires et pièces jointes ou des expéditions des jugements notifiés aux parties, les frais d'instruction et de greffe, ceux de timbre et d'enregistrement, et les droits de greffe et d'avocat ; leur taux est fixé par un texte réglementaire.

ARTICLE 58. (1) La liquidation des dépens est faite dans la décision qui statue sur le fond du litige.

(2) Les oppositions à la liquidation sont recevables dans les huit jours de la notification de la décision ; elles sont jugées en Chambre du Conseil.

ARTICLE 59. Le tarif des dépens devant le tribunal administratif est celui en vigueur devant les tribunaux civils.

ARTICLE 60. (1) Les dépens mis à la charge de l'Etat sont payés sur mémoire rendu exécutoire par le Président.

(2) Selon le cas, le reliquat ou la totalité des sommes consignées par le demandeur lui sont restituées après paiement des dépens ou décision l'en déchargeant.

ARTICLE 61. Les droits exigibles pour les procédures devant le tribunal administratif sont fixés par un texte particulier.

ARTICLE 62. Les minutes des jugements sont signées par le président et les juges. Elles sont fixées par un texte particulier.

ARTICLE 63. Les jugements du tribunal administratif sont notifiés aux parties dans les huit jours de leur enregistrement.

ARTICLE 64. Les expéditions des jugements définitifs destinées à être notifiées aux parties sont établies sans frais.

CHAPITRE IV
DES MESURES D'INSTRUCTION

SECTION I
DES ENQUETES

ARTICLE 65. (1) Les enquêtes sont ordonnées soit d'office, soit à la demande des parties.

(2) La décision qui ordonne une enquête indique les faits sur lesquels elle doit porter en précisant si elle aura lieu devant un juge désigné ou encore sur commission rogatoire en audience publique ou en chambre du conseil. Dans ces deux derniers cas, la décision fixe la date de l'audience.

(3) la preuve contraire est de droit. La contre enquête est soumise aux mêmes règles que l'enquête.

ARTICLE 66. (1) La décision qui ordonne l'enquête est notifiée aux parties. Celles-ci ont un délai de cinq jours pour adresser au greffier la liste des témoins qu'elles désirent faire entendre.

(2) Toutefois, si les parties sont présentes lors du prononcé de la décision, la notification devient sans objet et le président les invite à faire connaître leurs témoins au greffier dans les cinq jours à compter du lendemain du jour du prononcé de cette décision. Il est fait mention de cet avertissement au plumitif d'audience.

ARTICLE 67. (1) Les témoins sont appelés à comparaître par convocation que le greffier leur adresse par voie administrative ou par exploit d'huissier.

(2) Ces convocations doivent leur être remises trois jours au moins avant la date de l'enquête s'ils demeurent au lieu où celle-ci doit être diligentée. Ce délai est augmenté d'un délai de distance égal à un jour par cinquante kilomètres, sans pouvoir dépasser quinze jours.

(3) Les convocations précisent que les témoins qui ne se présentent pas et ne fournissent pas une excuse valable peuvent être condamnés à une amende civile de cinq mille (5000) francs.

(4) Une indemnité peut être allouée au témoin qui le demande ; son taux est fixé par un acte réglementaire.

ARTICLE 68. (1) Le témoin défaillant peut être déchargé de l'amende s'il justifie qu'il a été empêché de se présenter au jour indiqué pour les raisons indépendantes de sa volonté.

(2) Si le témoin justifie qu'il est dans l'impossibilité de se présenter au jour indiqué, la juridiction ou le magistrat chargé de l'enquête lui accorde un délai suffisant ou se transporte, accompagné du greffier, pour recevoir sa déposition.

(3) Lorsque les témoins sont domiciliés hors du ressort du tribunal, il est donné commission rogatoire au juge du lieu où ils se trouvent pour les entendre.

ARTICLE 69. (1) Au jour indiqué, les témoins après avoir décliné leur identité, déposent sous la foi du serment ou à titre de renseignements s'ils sont parents, alliés ou employés de l'une des parties.

(2) les témoins sont entendus séparément en présence des parties si elles comparaissent, ou de leurs conseils ou mandataires ; les parties, leurs conseils ou mandataires sont tenus de fournir leurs reproches avant la déposition des témoins.

(3) Les parents ou alliés de l'une des parties jusqu'au quatrième degré inclusivement, peuvent être reprochés, de même que celui qui a bu ou mangé avec l'une des parties et à ses frais, depuis le jugement qui a ordonné l'enquête, les serviteurs et domestiques, le témoin en accusation et le témoin condamné pour crime ou délit contre la probité.

(4) Le témoin reproché est entendu par le juge, à charge pour la juridiction saisie de statuer sur le bien-fondé du reproche ; en cas d'admission, le témoignage est écarté des débats.

ARTICLE 70. (1) sont entendus, sans prestation de serment, les individus âgés de moins de 15 ans, sauf à avoir pour leurs dépositions tel égard que de raison.

(2) Après les dépositions, les parties peuvent, avec l'autorisation du juge, poser des questions aux témoins. Le juge peut également d'office poser des questions aux témoins.

(3) Dans toutes les causes, le greffier dresse un procès verbal qui contient l'identité du témoin, la mention du serment, sa déclaration s'il est parent, allié ou serviteur de l'une des parties, le cas échéant, les reproches formulés contre lui et sa déposition.

(4) après lecture, le procès-verbal est signé par le témoin, le juge et le greffier.

(5) la présence du ministère public aux enquêtes est facultative.

ARTICLE 71. (1) lorsque les témoins ont été entendus en l'absence des parties, le greffier invite celles-ci, dès réception des procès-verbaux d'audition, à en prendre connaissance au greffe dans un délai de huit jours.

(2) Chaque partie peut, dans les quinze jours suivant l'enquête ou à l'expiration du délai ci-dessus, discuter les témoignages.

(3) Les mémoires sont communiqués aux parties adverses qui disposent également d'un délai de quinze jours pour y répliquer.

SECTION II

DES DESCENTES SUR LES LIEUX

ARTICLE 72. Le tribunal peut, soit se transporter sur les lieux, soit commettre un juge pour procéder à toutes constatations et vérifications utiles.

ARTICLE 73. (1) La décision qui ordonne le transport précise les points à constater ou à vérifier et fixe le jour et l'heure du transport.

(2) La même décision fixe les frais de transport à avancer par le demandeur qui les consigne au greffe. Elle est notifiée aux parties qui sont en même temps convoquées et informées des jours et heures du transport.

ARTICLE 74. Au cours de la visite, il peut être procédé à l'audition de toutes personnes utiles.

ARTICLE 75. (1) Procès-verbal est dressé tant des opérations que des dires et observations des parties et des dépositions des témoins.

(2) Le procès-verbal est signé par le président, le juge commis, le greffier et éventuellement, les témoins et les parties.

(3) Il est dressé un état des frais et vacations dont la taxation est faite par le Président de la juridiction ou le juge délégué à cet effet.

ARTICLE 76. Une expédition du procès-verbal du transport est notifiée par le greffier à chaque partie.

SECTION III

DE L'AUDITION DES PARTIES

ARTICLE 77. (1) Le tribunal peut d'office ou sur demande, ordonner l'audition des parties.

(2) La décision qui ordonne l'audition des parties en fixe le jour et l'heure. Elle est notifiée sans délai aux parties n'ayant pas comparu à l'audience.

ARTICLE 78. (1) L'audition a lieu devant le tribunal.

(2) Si les parties ou l'une d'elles sont dans l'impossibilité de comparaître, le tribunal peut commettre un de ses juges qui se transporte auprès d'elle accompagné par le greffier.

(3) en cas d'éloignement des parties ou de l'une d'elles rendant le déplacement difficile ou onéreux, la juridiction saisie peut donner commission rogatoire au tribunal de leur domicile ou de leur résidence, pour les entendre ensemble ou séparément, suivant les circonstances.

ARTICLE 79. (1) A défaut de comparution sans excuse valable, le tribunal décide si la décision doit être levée et notifiée à la partie qui a allégué l'excuse avec sommation à personne ou à domicile par huissier qu'il commet. Il fixe alors les nouveaux jours et heure.

(2) Si l'une des parties ne comparait pas ou, comparaissant, refuse de répondre, le tribunal peut tirer toute conséquence de droit et notamment faire état de l'absence ou du refus de répondre comme équivalent à un commencement de prévue par écrit conformément au droit commun.

ARTICLE 80. Les parties interrogées séparément peuvent être confrontées.

ARTICLE 81. (1) Les parties répondent en personne aux questions qui leur sont posées et sans pouvoir se servir d'un texte écrit, sauf autorisation expresse du président.

(2) elles peuvent être assistées par leurs représentants qui, après leur interrogatoire, peuvent demander au tribunal de poser les questions qu'ils estiment utiles.

ARTICLE 82. (1) Il est dressé un procès-verbal des déclarations des parties.

(2) Lecture en est donnée à chacune des parties avec interpellation de déclarer si elle a dit la vérité et persiste. Si une partie ajoute de nouvelles déclarations, l'audition est rédigée en marge ou à la suite de l'interrogatoire ; elle est lue à la susdite partie et suivie de la même interpellation que ci-dessus.

(3) le procès-verbal est signé par le président, le greffier et les parties ; si l'une de celles-ci ne peut ou ne veut signer, il en est fait mention.

(4) Toute partie peut se faire délivrer à ses frais expédition du procès-verbal d'audition.

SECTION IV

DE LA VERIFICATION DES ECRITURES

ARTICLE 83. Si une partie allègue la fausseté d'un acte sous seing privé, public ou authentique, elle doit en rapporter la preuve conformément au droit commun.

SECTION V

DES EXPERTISES

ARTICLE 84. (1) Le tribunal peut, même d'office, ordonner qu'il soit procédé à une expertise qui est confiée à un ou plusieurs experts, suivant la nature et les circonstances de l'affaire.

(2) Les parties peuvent s'entendre sur le choix des experts. En cas de désaccord entre les parties, la juridiction en désigne d'office.

(3) la décision qui ordonne l'expertise fixe les points sur lesquels elle doit porter et la date à laquelle les experts doivent prêter serment devant le président ou devant le magistrat délégué ainsi que le délai qui leur est imparti pour accomplir leur mission.

Les experts peuvent être dispensés de la prestation de serment, d'accord parties.

(4) L'avance des frais d'expertise ordonné par le président de la juridiction est faite dans les conditions prévues à l'article 87 ci-dessous.

ARTICLE 85. (1) Peuvent être récusés les experts commis d'office, qui sont parents ou alliés de l'une des parties jusqu'au quatrième degré inclusivement ou qui ont été condamnés pour crime ou délit contre la probité.

(2) La récusation des experts ne peut être proposée que dans les quinze jours de leur désignation. Elle est faite par déclaration au greffe compétent. Il est statué en chambre du conseil après observation de l'expert mis en cause.

(3) La décision acceptant la récusation désigne un nouvel expert ou de nouveaux experts à la place de celui ou de ceux récusés.

ARTICLE 86. (1) Dans les vingt quatre heures de l'enregistrement, s'il n'en est décidé autrement par la juridiction, le greffier notifie cette décision aux experts désignés et leur en délivre une expédition.

(2) L'expert fait connaître son refus dans les huit jours de cette notification ou au plus tard la veille de l'audience à laquelle son serment doit être reçu.

(3) En cas de refus ou d'empêchement de l'expert, il est pourvu à son remplacement par ordonnance, soit d'accord parties, soit d'office, dans un délai de quinze (15) jours.

ARTICLE 87. L'expert qui, après l'avoir accepté, ne remplit pas sa mission peut, sans préjudice des peines édictées par l'article 174 du code pénal, être condamné à tous les frais frustratoires et même à des dommages-intérêts, à moins qu'il ne justifie d'un empêchement légitime.

ARTICLE 88. (1) Les frais et honoraires des experts sont avancés par la partie qui demande l'expertise.

(2) Si l'expertise est demandée d'accord parties, les honoraires et frais sont avancés par les deux parties.

(3) Lorsque l'expertise est ordonnée d'office, l'expert peut, s'il échet, demander la provision sur taxe en cas de contestation.

ARTICLE 89. (1) les experts indiquent aux parties les lieu, jour et heure de leurs opérations, et reçoivent du greffier les pièces et documents nécessaires, contre décharge.

(2) les parties ou tous autres sachant peuvent être entendus par les experts.

(3) l'expert dresse un rapport de sa mission. S'il y a plusieurs experts, ils ne dressent qu'un seul rapport et ils ne formulent qu'un seul avis, à la majorité des voix. Le rapport est signé de tous. Ils indiquent néanmoins, en cas d'avis différents, les motifs des divers avis, sans faire connaître quel a été l'avis personnel de chacun d'eux.

ARTICLE 90. (1) en cas de retard dans le dépôt du rapport, l'expert peut être assigné par la partie la plus diligente dans les trois jours par-devant le tribunal, qui apprécie la cause du retard.

(2) Si le tribunal ordonne le remplacement de l'expert, celui-ci est condamné aux dépens de l'incident.

ARTICLE 91. (1) le rapport, accompagné du nombre de copies prévues par l'article 36 ci-dessus, est déposé au greffe pour être notifié aux parties en cause.

(2) l'expert y joint un état de ses vacations, frais et honoraires en quatre exemplaires.

(3) La taxation est faite par le président ou le juge désigné par lui à cet effet.

ARTICLE 92. (1) les parties peuvent discuter le rapport dans les quinze jours de la notification qui leur est faite ; la partie la plus diligente peut lever le rapport et le faire signifier à la partie adverse.

(2) Leurs mémoires sont notifiés aux autres parties qui, disposent du même délai pour y répliquer.

(3) Ces délais peuvent être réduits dans les conditions prévues à l'article 41 ci-dessus.

ARTICLE 93. L'avis de l'expert de l'expert ne lie pas le tribunal.

CHAPITRE V

DES INCIDENTS

SECTION I

DES DEMANDES INCIDENTES

ARTICLE 94. Les demandes incidentes sont introduites par mémoire.

Elles sont jugées en même temps et suivant les mêmes règles que les demandes principales.

SECTION II

DE L'INTERVENTION ET DES MISES EN CAUSE

ARTICLE 95. L'intervention est admise de la part de tous ceux qui ont un intérêt au jugement du litige. La demande d'intervention, la mise en cause de l'appel en garantie sont introduites par requête et soumises aux conditions prévues aux articles 35 et 36 ci-dessus.

ARTICLE 96. L'intervenant peut solliciter l'assistance judiciaire dans les mêmes conditions que le demandeur principal.

ARTICLE 97. Les demandes d'intervention et les appels en garantie sont recevables en tout état de cause, jusqu'au prononcé de la décision.

SECTION III

DU DESISTEMENT ET DE L'ACQUIESCEMENT

ARTICLE 98. (1) Le désistement ou l'acquiescement est fait soit par acte signé par le demandeur, son avocat ou son mandataire et déposé au greffe, soit par déclaration à l'audience.

(2) Il est soumis à l'acceptation de la partie adverse.

ARTICLE 99. (1) Le tribunal rend une décision de donner acte du désistement ou de l'acquiescement.

(2) Le désistement emporte obligation de payer les frais.

ARTICLE 100. La décision de donner acte au défendeur de son acquiescement adjuge au demandeur le bénéfice de ses conclusions.

SECTION IV

DES PEREMPTIONS ET DES REPRISES D'INSTANCES

ARTICLE 101. Tout recours est éteint par discontinuation des poursuites pendant trois ans.

ARTICLE 102. Le décès de l'une des parties survenue avant la décision donne lieu à reprise d'instance.

ARTICLE 103. La reprise d'instance est demandée par les héritiers dans les six mois de leur connaissance du décès, par requête déposée au greffe du tribunal administratif ou adressé par voie postale.

SECTION V

DES RECUSATIONS

ARTICLE 104. (1) Tout juge peut être récusé pour toute cause susceptible de le mettre en situation difficile pour rendre un jugement impartial.

(2) la récusation est proposée par requête motivée déposée au greffe, signée de la partie, de son avocat ou de son mandataire muni d'un pouvoir spécial.

(3) Cette requête est communiquée par le greffier aux juges récusés qui sont tenus de signifier sous huitaine, par écrit, leur acquiescement à la récusation ou leur refus motivé de s'abstenir.

(4) A partir de cette communication, tout jugement et toute opération sont suspendus

ARTICLE 105. (1) La juridiction saisie statue en chambre du conseil, sur le rapport d'un de ses membres.

(2) Si la récusation met en cause le Président du Tribunal, il est statué dans les mêmes conditions par la chambre Administrative de la Cour Suprême.

(3) La partie dont la demande en récusation est rejetée peut être condamnée à une amende civile de dix à cent vingt mille (10.000 à 120.000) francs CFA, sans préjudice s'il y a lieu, des dommages-intérêts.

ARTICLE 106. Tout juge qui croit qu'il existe en sa personne une cause de récusation est tenu d'en saisir son supérieur hiérarchique qui pourvoit à son remplacement.

CHAPITRE VI
DES VOIES DE RECOURS

SECTION I
DE L'OPPOSITION

ARTICLE 107. La déclaration d'opposition contre tout jugement de défaut du tribunal administratif est faite soit par le demandeur en personne ou par son avocat, soit par un mandataire muni, à peine d'irrecevabilité, d'un pouvoir spécial.

ARTICLE 108. Le greffier qui enregistre la déclaration d'opposition en délivre immédiatement une expédition au déclarant.

ARTICLE 109. (1) Les jugements sont rendus par défaut lorsque les parties n'ont pas déposé les mémoires dans les délais impartis.

(2) Les décisions par défaut sont susceptibles d'opposition.

(3) La requête en opposition est formée dans les quinze jours de la notification de la décision de défaut.

ARTICLE 110. Pendant ce délai, auquel s'ajoute le délai de distance, le jugement ne peut être exécuté à moins que, en cas d'urgence ou de péril en la demeure, l'exécution provisoire avec ou sans caution n'ait été ordonnée.

ARTICLE 111. La notification de la décision doit, à peine de nullité, mentionner :

- le délai dont dispose la partie défaillante pour former opposition ;

- qu'à l'expiration de ce délai, la décision devient définitive.

SECTION II
DE L'APPEL

ARTICLE 112. La déclaration d'appel contre tout jugement du tribunal administratif est faite au greffe, soit par le demandeur en personne ou par son avocat, soit par un mandataire muni, à peine d'irrecevabilité, d'un pouvoir spécial.

ARTICLE 113. Le greffier qui enregistre la déclaration d'appel en délivre immédiatement une expédition au déclarant.

ARTICLE 114. (1) les décisions rendues en premier ressort dans les conditions prévues par des textes particuliers, celles rendues en premier ressort en matière électorale et en matière de référé, sont susceptibles d'appel devant la Chambre Administrative dans les délais prévus par le texte fixant la procédure devant la Chambre Administrative de la Cour Suprême.

(2) L'appel suspend l'exécution du jugement, sauf décision contraire de la Chambre Administrative de la Cour Suprême.

(3) l'appel d'une décision avant-dire-droit ne peut être interjeté que conjointement avec l'appel à l'encontre de la décision définitive sur le fond. Il est recevable même en cas d'exécution sous réserve de la décision avant-dire-droit.

(4) l'appel du Procureur Général a un effet dévolutif.

SECTION III

DE LA TIERCE OPPOSITION

ARTICLE 115. (1) La tierce opposition devant le tribunal administratif est soumise aux règles édictées par le droit commun.

(2) La demande est soumise aux conditions de la requête introductive d'instance.

SECTION IV

DU POURVOI EN CASSATION

ARTICLE 116. Les décisions rendues en premier et dernier ressort par le tribunal administratif sont susceptibles de pourvoi devant la Chambre Administrative dans les formes et délais prévus par le texte fixant l'organisation de la Cour Suprême.

SECTION V

DU RECOURS EN RECTIFICATION D'ERREUR MATÉRIELLE

ARTICLE 117. (1) Lorsque la décision d'un tribunal administratif est entachée d'une erreur matérielle, la partie intéressée peut introduire un recours en rectification devant le Président dudit tribunal.

(2) Ce recours est introduit par simple requête et le délai est de trente (30) jours à compter de la notification de la décision en cause.

SECTION VI

DES RECOURS EN REVISION

ARTICLE 118. (1) La révision d'une décision contradictoire peut être demandée dans les trois cas suivants :

a) lorsqu'il y a eu dol personnel ;

b) lorsqu'il a été statué sur les pièces reconnues ou déclarées fausses depuis la décision ;

c) lorsqu'une partie a succombé, faute de présenter une pièce décisive retenue par son adversaire.

(2) le recours en révision doit être formé dans un délai de trente (30) jours qui court à compter du lendemain du jour de la connaissance de la cause ouvrant droit à révision. Il est instruit par le tribunal qui a rendu le jugement prétendument vicié et selon la procédure suivie devant le tribunal.

TITRE IV

DISPOSTIONS TRANSITOIRES ET FINALES

ARTICLE 119. (1) la mise en place des Tribunaux Administratifs s'effectue de manière progressive, en fonction des besoins et des moyens de l'état.

(2) En attendant la mise en place des juridictions prévues par la présente loi, la Chambre Administrative de la Cour Suprême exerce

provisoirement leurs attributions. A cet effet, les sections de ladite chambre statuent par jugement, en premier ressort et à charge d'appel ou de pourvoi devant les sections réunies.

Toutefois, les magistrats ayant participé au jugement d'une affaire en premier ressort ne peuvent le faire en appel ou en cas de pourvoi.

(3) En attendant la mise en place des Tribunaux Administratifs prévus par le présente loi, il est statué en premier ressort sur les actions en référé et les demandes de sursis à exécution par un Conseiller à la Chambre désigné par ordonnance du Président pour une année judiciaire.

(4) Dès la mise en place des Tribunaux Administratifs prévus par la présente loi, les affaires pendantes devant la Chambre Administrative de la Cour Suprême en vertu de l'alinéa (2) du présent article son transférées devant eux.

ARTICLE 120. Sont abrogées toutes dispositions antérieures contraires notamment la loi n°75/17 du 8 décembre 1975 fixant la procédure devant la Cour suprême statuant en matière administrative.

ARTICLE 121. La présente loi sera enregistrée et publiée suivant la procédure d'urgence, puis insérée au journal officiel en français et en anglais.

Yaoundé, le 29 déc 2006

LE PRESIDENT DE LA REPUBLIQUE,

PAUL BIYA

BIBLIOGRAPHIE

1- OUVRAGES GENERAUX

AUBY (J.M) et DRAGO (R) ; *Traité de Contentieux Administratif. 3e édition - Paris, 1984.*

BRAIBANT (G) ; QUESTIAUX (N), WIENER (C) ; *Le contrôle de l'Administration et la protection des citoyens, édit, CUJAS, 1973.*

CHAPUS (R) ; *Droit du Contentieux Administratif ; Ed.MONTCHRESTIEN 6e édition. Paris, 1996.*

DEBBASCH (ch.) et Ricci (J.C) ; *Contentieux Administratif ; 6e édition. 1994.*

FANACHI Pierre ; *La justice administrative, que sais-je ? P.U.F. 3e édition, Avril 1993.*

LETOURNEUR (M). BAUCHET (J). MERIC (J), *Le Conseil d'Etat et les Tribunaux Administratifs. Collection U ; Librairie Armand Colin 1970.*

ODENT (R), *Cours polycopié de contentieux administratif. Les cours de droit 1977/1981.*

PEISER (G) ; *Contentieux Administratif. Dalloz, 9e édition, 1995.*

REMONDO (Max) ; *Le Droit Administratif Gabonais ; L.G.D.J, 1987.*

2- OUVRAGES SPECIALISES

KAMTO (M) ; *Droit Administratif Processuel du Cameroun. P.U.C 1990.*

OWONA (J) ; *Droit Administratif Spécial de la République du Cameroun. Edicef.*

1985.

3- THESES ET MEMOIRES

ABA'A OYONO (J.C) ; *la compétence de la juridiction administrative en Droit Camerounais, Thèse. Droit, Nantes, 1994.*

AMBOMO (A.M) : *Le recours gracieux préalable au Cameroun est-il efficace ? Mémoire de licence, Université Fédérale du Cameroun, Faculté de droit et sciences économiques, 1972.*

BINYOUM (J) ; *Le contentieux de la légalité en droit administratif Camerounais. Thèse de droit TOULOUSE 1979.*

MBARGA (E) ; *La Cour Fédérale de Justice : juge de droit commun en Droit Administratif : Organisation, Compétence et Procédure, Thèse Doctorat d'Etat en Droit Public, Paris 1969.*

MBOUENDEU (J.d.D) ; *La compétence administrative de la Cour Fédérale de Justice, Université Fédérale du Cameroun, 1971.*

MESTRE (A) ; *Le Conseil d'Etat, protecteur des prérogatives de l'Administration ; L.G.D.J, 1974.*

NLEP (RG) ; *L'Administration Publique Camerounaise, Paris, L.G.D.J, 1986.*

SIETCHOUA DJUITCHOKO (C) ; *L'appel dans le contentieux administratif au Cameroun. Contribution à l'Etude de la juridiction administrative. Thèse. Droit, Université d'Aix-Marseille III, 2001.*

ELOUNDOU MANI (P) ; *L'exécution des décisions de justice par l'Administration au Cameroun ; Mémoire de Licence en droit : 1978.*

NGOH NGOH (F) ; *Les difficultés du contrôle juridictionnel de l'Administration au Cameroun : Mémoire de maîtrise en droit.1984.*

NGOLE PHILIP NGWESE ; *Cours polycopié de Contentieux Administratif à l'Ecole Nationale d'Administration et de Magistrature (ENAM), 2008.*

ZE-MEKA (R) ; *La procédure de contentieux administratif au Cameroun. Mémoire de Master's Degree de Doit Public, Université de Yaoundé, Faculté de Droit et des Sciences Economiques, 1980 ;*

4. RECUEILS

BRETON (JM) ; *Recueil des Principales Décisions de l'Assemblée Plénière de la Cour Fédérale de Justice statuant au contentieux ; 1967-1972.*

LACHAUME (J.F) ; *Les grandes décisions de la jurisprudence administrative ; Thémis, 7e édition. 1993.*

LONG, WEIL, BRAIBANT, DELVOLVE et GENEVOIS ; *Les grands arrêts de la jurisprudence administrative, Dalloz, 11è édition.1996.*

MINFOPRA : *Recueil des textes juridiques et de la jurisprudence en matière de Fonction Publique. TOME III, édition.2008.*

MBOUYOM (F X) ; *Recueil des grands arrêts de la jurisprudence administrative de la Cour Fédérale de justice ; 1962-1970.éd. SODEAM.*

Recueil des grands arrêts de la jurisprudence administrative de la Cour Suprême du Cameroun ; 1970 -1975 ; édition KENKOSON.

MONIN (M) ; *Arrêts Fondamentaux du Droit Administratif. 1ere édition Ellipses, 1995.*

Recueil des textes concernant le contentieux administratif. Cour Fédérale de Justice, Cour Suprême du Cameroun Oriental, 1967.

Recueil des lois de décentralisation. Ministère de l'Administration Territoriale et de la Décentralisation, SOPECAM mai 2005.

5- REVUES

Actualité juridique de Droit Administratif.

Etudes et Documents du Conseil d'Etat.

PENANT.

Revue Camerounaise de Droit.

Revue du Droit Public et de la Science Politique.

Revue Juridique et Politique Indépendance et Coopération.

6- ARTICLES

BINYOUM (J). *Bilan des vingt ans de jurisprudence administrative de la Cour Suprême du Cameroun. R.C.D n°s15 et 16.*

BIPOUM WOUM (J.M). *Recherche sur les aspects actuels de la réception de droit administratif dans les Etats d'Afrique Noire d'expression française : Le cas du Cameroun, in R.J.P.I.C. n°3, 1972.*

JACQUOT (H). *Le contentieux administratif au Cameroun. In R.C.D n°7 et 8.*

KAMTO (M). *La fonction Administrative Contentieuse de la Cour suprême du Cameroun. In les Cours suprêmes et hautes juridictions d'Afrique. Paris, éd. Economica, 1988.*

MESCHERIAKOFF (A.S). *Le régime juridique du recours gracieux préalable dans la jurisprudence administrative camerounaise. In R.C.D. n°15 et 16.*

7. TEXTES

Loi n°2006/016 du 29 décembre 2006 fixant l'organisation et le fonctionnement de la Cour Suprême.

Loi n°2006/022 du 29 décembre 2006 fixant l'organisation et le fonctionnement des tribunaux administratifs.

Loi n°2007/001 du 18 avril 2007 instituant le juge du contentieux de l'exécution et fixant les conditions de l'exécution au Cameroun des décisions judiciaires et actes publics étrangers ainsi que des sentences arbitrales étrangères.

Loi n°2009/004 du 14 avril 2009 portant organisation de l'assistance judiciaire.

INDEX

A

B

C

D

E

F

G

I

K

L

M

N

O

P

S

T

U

Y

Z

TABLE DES MATIERES

L'HARMATTAN, ITALIA
Via Degli Artisti 15 ; 10124 Torino

L'HARMATTAN HONGRIE
Könyvesbolt ; Kossuth L. u. 14-16
1053 Budapest

L'HARMATTAN BURKINA FASO
Rue 15.167 Route du Pô Patte d'oie
12 BP 226
Ouagadougou 12
(00226) 76 59 79 86

ESPACE L'HARMATTAN KINSHASA
Faculté des Sciences Sociales,
Politiques et Administratives
BP243, KIN XI ; Université de Kinshasa

L'HARMATTAN GUINÉE
Almamya Rue KA 028
En face du restaurant le cèdre
OKB agency BP 3470 Conakry
(00224) 60 20 85 08
harmattanguinee@yahoo.fr

L'HARMATTAN CÔTE D'IVOIRE
M. Etien N'dah Ahmon
Résidence Karl / cité des arts
Abidjan Cocody 03 BP 1588 Abidjan 03
(00225) 05 77 87 31

L'HARMATTAN MAURITANIE
Espace El Kettab du livre francophone
N° 472 avenue Palais des Congrès
BP 316 Nouakchott
(00222) 63 25 980

L'HARMATTAN CAMEROUN
BP 11486
(00237) 458 67 00
(00237) 976 61 66

630322 - Novembre 2015
Achevé d'imprimer par

1livre.com
du rêve à la réalité !

www.ingramcontent.com/pod-product-compliance
Lightning Source LLC
LaVergne TN
LVHW011314061026
849535LV00005B/1549

* 9 7 8 2 2 9 6 1 2 5 8 5 8 *